Simone und Claudia Paganini

Die Biester der Bibel

Warum es in der Heiligen Schrift
keine Katzen, aber eine Killer-Kuh gibt

Mit Illustrationen
von Esther Lanfermann

Für Sarah
und ihre First Amie, die ein
wunderbares Einhorn
gewesen wäre

Inhalt

Die bunte Tierwelt der Bibel …

In der zweiten Schöpfungserzählung, die im zweiten Kapitel des Buches Genesis in der Bibel zu finden (Gen 2,4ff) und die zugleich der ältere der beiden Erzählungen über die Weltschöpfung ist, erschafft Gott den Menschen, indem er ihn wie ein Töpfer aus Erde – auf Hebräisch: *adamah* – formt. Doch dieser Mensch, der damals noch kein Mann, sondern ein geschlechtsloser »Erdling« – auf Hebräisch: *adam* – ist, fühlt sich in dem prächtigen Garten, den Gott für ihn hat wachsen lassen, nicht wohl. Denn er ist dort ganz allein. Also trifft Gott eine Entscheidung: Er macht dem *Adam* eine Hilfe und formt aus derselben *adamah* alle Tiere des Feldes und alle Vögel des Himmels. Diese sind der erste Versuch Gottes, den »Erdling« nicht ganz auf sich allein gestellt sein zu lassen. Erst später, so erzählt die Bibel, wird Gott dann auf die Idee kommen, den ursprünglich geschlechtslosen Menschen in zwei Teile zu spalten. Aus der einen Seite des Erdlings macht er den Mann, aus der anderen die Frau. Von der berühmt gewordenen Rippe ist im hebräischen Original dabei nirgends die Rede. Ihr Auftreten dürfte einem Übersetzungsfehler geschuldet sein, der sich in der ersten griechischen Wiedergabe des hebräischen Originaltextes eingeschlichen hatte.

Die Teilung der Menschen in zwei Geschlechter hat, ausgehend vom biblischen Text, die abendländische Welt jahrtausendelang massiv beeinflusst und tut es noch immer. Auch der skizzierte Unterschied, den die Bibel zwischen Mensch und Tier macht, sollte im Laufe der Kulturgeschichte eine wichtige – und nicht besonders rühmliche – Rolle spielen. Daran ist jedoch nicht der biblische Text schuld, sondern vielmehr seine – fehlerhafte – Interpretation. Während die von Aristoteles geprägte griechisch-abendländische Philosophie sich nämlich seit der Antike bemühte, Argumente für einen Wesensunterschied zwischen Mensch und Tier zu finden und das Mensch-Sein in erster Linie als ein »Nicht-Tier-Sein« verstand, vertreten die biblischen Schriften von ihrem Ursprung her eine ganz andere Haltung. Tiere und Menschen bestehen nämlich nach der Schöpfungserzählung aus der gleichen Materie, der *adamah*. Und damit nicht genug: Die Tiere (*b^{e}hemah*) sind die ersten Gefährten für den Ur-Menschen, ja, sie sind die ersten Hilfen, die Gott ihm schenkt. Das Verhältnis zwischen Mensch und Tier wird im biblischen Text zwar nicht idealisiert: Die erste Aufgabe des Menschen ist es, diesen Tieren Namen zu geben und damit gewissermaßen seinen Herrschaftsanspruch über sie geltend zu machen, aber sie stehen einander dennoch von Beginn an sehr nah. Mensch und Tier, sie haben denselben Schöpfer und sie sind sozusagen »aus demselben Holz«.

Gewiss: Die Bibel schildert auch Konflikte, Herrschaftsverhältnisse müssen geklärt werden und der Erdling sehnt sich schlussendlich auch nach einer Hilfe, die ganz so ist wie er selbst und also kein Tier. Trotzdem werden Mensch und Tier auf den ersten Seiten der Bibel zunächst als ebenbürtig dargestellt. Sehr deutlich wird das in den von Gott verkündeten Vorschriften darüber, was der Mensch essen darf: »Hiermit übergebe ich [Gott] euch [den Menschen] alle Pflanzen auf der ganzen Erde, die Samen tragen, und alle Bäume mit samenhaltigen Früchten. Euch sollen sie zur Nahrung dienen«, heißt es im Buch Genesis (Gen 1,29). Davon, dass auch die Tiere den Menschen zur Nahrung dienen ist hier nicht die Rede. Erst nach der – als Strafe für die

Bosheit der Menschheit einsetzenden – Sintflut erlaubt Gott dem Menschen auch das Essen von Fleisch, denn die ideale Situation des Paradieses lässt sich nach der Flut nicht mehr wiederherstellen. An die Stelle der Partnerschaft ist jetzt Dominanz getreten.

Das bedeutet aber nicht, dass nicht schon in der Bibel – wie man heute sagen könnte – auch tierethische Töne anklingen, wie zum Beispiel im Buch Kohelet im 3. Jahrhundert v. Chr. Grund dafür dürfte die Auseinandersetzung der jüdischen Traditionen mit der griechisch-hellenistischen Kultur gewesen sein. Dabei ist der Bezug zur eigenen Tradition klar erkennbar, verwenden die Autoren doch das gleiche Vokabular wie die Schöpfungserzählung des Buches Genesis: »Das Geschick der Kinder des Menschen (*adam*) und das Geschick des Tieres (*b^{e}hemah*) – sie haben ja ein und dasselbe Geschick – ist dies: Wie diese sterben, so stirbt jenes [...]. Und einen Vorzug des Menschen (*adam*) vor dem Tier (*b^{e}hemah*) gibt es nicht.« (Koh 3,19) In diesem Text spiegeln sich die Situation im Garten Eden und der Verlust dieses paradiesischen Zustandes wider. Obwohl es die Menschen sind, die – auf die Intervention der Schlange hin – vom Baum der Erkenntnis gegessen haben, werden Mann, Frau und Tiere von Gott gleichermaßen zur Verantwortung gezogen.

Tiere können der Bibel zufolge außerdem – genau wie Menschen – ein Werkzeug der Heilsgeschichte Gottes sein. Der theologische Ort der Tiere ist für die biblischen Autoren dabei nicht nur die konkrete, weltliche Realität. Sie werden auch zu Protagonisten, wenn es gilt, künftige apokalyptische Zerstörungsszenarien in ein Bild zu setzen – man denke an die allesfressenden

Heuschrecken im Buch des Propheten Joel oder an die Streitrösser in der Offenbarung des Johannes. Aber auch das Gegenteil kommt vor. Mit Tieren lassen sich ebenso eschatologische Friedensbilder für die messianische Welt entwickeln: »Der Wolf wird beim Lamm weilen und der Leopard beim Böckchen lagern«, heißt es im Buch des Propheten Jesaja, »das Kalb und der Junglöwe und das Mastvieh werden zusammen sein [...]. Kuh und Bärin werden miteinander weiden, ihre Jungen werden zusammen lagern. Und der Löwe wird Stroh fressen wie das Rind.« (Jes 11,6-8)

In der ländlich geprägten Agrargesellschaft des biblischen Israel waren Tiere allgegenwärtig. Domestizierte Haustiere teilten sich mit den Menschen den Lebensraum. Außerhalb der Städte und der Dörfer dagegen waren wilde Tiere eine ständige Bedrohung. Einige Tiere galten daher als Freunde und Gefährten, andere wurden gefürchtet oder eben auch bewundert. Ihre Eigenschaften wurden nicht selten bildhaft auf die Gottheit oder auf besondere Menschen übertragen. Tiere spielten im religiösen Kult eine große Rolle. Als Opfergabe waren sie das privilegierte Mittel, in eine Beziehung zu Gott einzutreten. Die religiösen Vorschriften, die das Leben der Menschen weitgehend bestimmten, teilten die Tierwelt gerade auf diesem religiösen Hintergrund in »rein« und »unrein« ein. Manche Tiere durften gegessen werden, andere nicht, weil sie die kultische Reinheit des Essenden gefährdeten. Nicht zuletzt – und für uns Heutige erstaunlich – galten Tiere in der Bibel als Rechtspersonen, die für ihre Arbeit auf dem Feld mit einem Teil der Ernte belohnt werden mussten. Im Fall eines von ihnen verursachten tödlichen Unfalls dagegen wurden sie zur Rechenschaft gezogen und konnten sogar wie ein Mensch, der getötet hatte, mit der Todesstrafe belegt werden.

Die Literatur zum Thema »Tiere in der Bibel« ist – was angesichts dieses vielfältigen Befundes nicht überraschen dürfte – beinahe uferlos. Auch die unterschiedlichen Kirchen haben dazu Stellung genommen. Während die evangelische Kirche bereits 1991 ein bahnbrechendes Dokument zur Verantwortung des Menschen für das Tier als Mitgeschöpf veröffentlichte, werden Tiere spätestens seit der Enzyklika »Laudato si« von Papst Franziskus aus dem Jahre 2015 auch in der katholischen Kirche nicht mehr bloß als Werkzeuge für die Interessen des Menschen gesehen. Wenngleich in dieser Hinsicht noch viel Luft nach oben ist, entwickelt sich doch auch innerhalb der katholischen Kirche langsam eine glaubwürdige christliche Tierethik.

In diesem Buch wird es allerdings nicht darum gehen, nach biblischen Ansätzen für eine Tierethik zu suchen, und auch nicht darum, die Tierwelt der Bibel unter historischen oder gar zoologischen Gesichtspunkten zu beschreiben. Vielmehr sollen wenig bekannte Texte über Tiere, die man in der Bibel nicht erwarten würde, in den Fokus rücken. Wir werden auch die Frage stellen, warum Tiere, die im Umfeld der biblischen Autoren mit Sicherheit heimisch waren, in der Bibel nicht erwähnt werden. Und wir werden andererseits sehen, wie ganz gewöhnliche Tiere in den biblischen Schriften eine ganz ungewöhnliche Rolle spielen.

Viele der Texte, die wir uns hier anschauen wollen, werden in der kirchlichen Liturgie nur sehr selten gelesen, sind mit wenigen Ausnahmen auch nicht Gegenstand des Religionsunterrichts oder gar ein zentrales Thema in theologischen Abhandlungen. Wenn sie doch einmal zur Sprache kommen, dann werden sie meist als seltsam fremd oder sperrig empfunden. Man behilft sich dann damit, das Unverständliche durch eine metaphorische Leseweise verständlicher erscheinen zu lassen, oder – schlimmer noch – mit Umdeutungen. Genau das soll im Folgenden nicht geschehen. Vielmehr soll die teils bunte, teils kuriose Tierwelt der Bibel um ihrer selbst willen Thema sein: die Drachen, Einhörner und sprechenden Tiere ebenso wie der wiederkäuende Hase oder die vierbeinigen Insekten.

Lassen Sie uns gemeinsam zu einer kleinen (literarischen) Safari in die unbekannte Tierwelt der Bibel aufbrechen!

A.

Tiere, die in der Bibel nicht vorkommen sollten, es aber dennoch tun

Riesengroße, drachenartige Schlangen mit Flügeln, die danach lechzen, Säuglinge zu verschlingen; Dinosaurier mit langen Hälsen und massigen Schwänzen, die in sumpfartigen Gebieten hausen; bösartige Einhörner, vor denen selbst Jesus – trotz all seiner Wundermacht – Angst gehabt haben dürfte; eine Schlange, ein Adler, eine Eselin und eine Blutegel-Mutter, die wie Menschen sprechen; Hühner mit Schlangenschwanz, die unförmige Eier legen; und nicht zuletzt friedfertige Ziegen, die trotz ihrer Unschuld als vermeintliche Wüstendämonen in den Tod geschickt werden ...

Sie alle sind nicht gerade die Tiere, mit denen man in der Bibel rechnen würde. Trotzdem sind sie da, mehr noch: Ihre Erwähnung in den biblischen Schriften galt bis in die Neuzeit hinein sogar als Beleg dafür, dass derartige Tierwesen tatsächlich existieren. Heute hat sich das Blatt gewendet. Die eigenartigen Tiergestalten der Bibel werden den Gläubigen tunlichst verschwiegen. Sollte doch einmal die Sprache auf sie kommen, werden sie als Fabelwesen vorgestellt, die nichts mit den eigentlichen Aussagen der Texte, dem Wort Gottes also, zu tun haben. Denn immerhin ist die Bibel kein Märchenbuch, und mystische Wesen haben bei einer so ernsten Angelegenheit wie dem wahren Glauben nichts verloren. Oder etwa doch?

1.

Und Gott erschuf den großen Dinosaurier …

Ganz gleich, ob in Kinofilmen, im Freizeitpark oder als Spielfiguren, Dinosaurier faszinieren und lassen sich gut vermarkten. Und auch die Wissenschaft hat ihre Freude mit ihnen. Denn die Ergebnisse der paläontologischen Forschung sind eindeutig: Für eine Zeitspanne von ungefähr 160-170 Millionen Jahren – und zwar von der Trias vor ca. 235 Millionen Jahren bis zum Ende der Kreidezeit vor etwa 65 Millionen Jahren – bevölkerten unterschiedliche Arten der Saurier das Festland und die Meere. Erst als ein gewaltiger Meteorit auf der Erde aufschlug, endete ihre Herrschaft. Durch den Aufschlag geriet so viel Staub und Materie in die Atmosphäre, dass die Sonneneinstrahlung drastisch reduziert wurde. In der nun einsetzenden langen Eiszeit starben fast alle Saurierarten aus. Die Ära der Säugetiere begann.

Dinosaurier, Säugetiere und das Alter der Erde

Die ersten Primaten – winzige Affen, die sich von Insekten ernährten – entstanden vor ca. 55 Millionen Jahren. Bis sich aus ihnen der sogenannte Ur-Mensch, der *Australopithecus*, entwickelte, vergingen weitere gut 50 Millionen Jahre; die Geburtsstunde des *Homo sapiens* war noch einmal 4 Millionen Jahre später. Alles in allem dürften zwischen dem Zeitalter der Dinosaurier und dem Auftreten der ersten Menschen in der Erdgeschichte an die 60 Millionen Jahre liegen. Das ist ein extrem langer Zeitraum, der nicht nur unsere Zeitvorstellungen, sondern auch die der Bibel sprengt. Diese erzählt nämlich die Abfolge der Ereignisse ganz anders.

Am Beginn des Alten Testaments werden die Geschichte des Universums, die irgendwann vor ungefähr

14 Milliarden Jahren begonnen haben dürfte, die Geschichte der Erde, die etwa 10 Milliarden Jahre nach dem Urknall beginnt, und die Geschichte des erstmals vor etwa 40.000 Jahren auftretenden *homo sapiens* in einer sich über sieben Tage erstreckenden Erzählung zusammengefasst. Im Zeitraum von einer Woche erschafft Gott die Erde und mit ihr das Universum – mehr oder minder – aus dem Nichts. Und das ist, folgt man dem Wortlaut der Bibel, vor ziemlich genau 6.000 Jahren noch gar nicht so lange her. Mithilfe einer etwas aufwändigen, aber durchaus nachvollziehbaren Berechnung aus allen Jahresangaben, die in der Genesis, dem ersten Buch der Bibel, enthalten sind, wurde in der Vergangenheit der Zeitpunkt für die göttliche Schöpfertätigkeit berechnet: Dieser liegt im Herbst 2022 genau 5.783 Jahre zurück. Legt man nun die Erdgeschichte, wie sie die Wissenschaft erzählt, und die biblische Erzählung übereinander, dann trennen die Dinosaurier und die Bibel demnach an die 65 Millionen Jahre. Wenn das aber so ist, warum hat es dennoch den Anschein, als würde die Bibel in manchen Texten von Sauriern sprechen?

Das Wort »Dinosaurier«, das aus dem Altgriechischen stammt und auf Deutsch »schreckliche« oder »gewaltige Eidechse« bedeutet, wurde zum ersten Mal 1841 vom damaligen Leiter des Britischen Museums in London, Sir Richard Owen, gebraucht. Er war ein gläubiger Kreationist, war also der Meinung, dass die Welt genau so entstanden ist, wie es die Bibel beschreibt, durch das schöpferische Handeln (lat.: *creatio*) Gottes also. Und er teilte die Meinung von James Ussher (1581-1656), dem Vorsitzenden der Church of Ireland, der den 23. Oktober 4004 vor Christus als ersten Tag der Schöpfung berechnet hatte. Sir Richard Owen sollte seinen Überzeugungen zeitlebens treu bleiben, selbst als Charles Darwin, der als Begründer der Evolutionstheorie gilt, 1859 sein bahnbrechendes Werk – »*On the Origin of Species*« – veröffentlichte.

So wundert es nicht, dass Richard Owen auch in einen heftigen Streit mit dem englischen Arzt Gideon Mantell geriet, der in einer Höhle in Sussex einige sehr große Zähne und andere ungewöhnliche Knochen gefunden hatte, die er keiner bekannten Spezies zuordnen konnte. Es waren, wie wir heute wissen, sterbliche Überreste eines Megalosaurus und eines Iguanodon. Mantell konnte das nicht wissen, vermutete aber, die Fossilien von sehr alten, eidechsenartigen Lebewesen vor sich zu haben, die sich nicht so ohne Weiteres in den von der Bibel vorgegebenen Ablauf der Erdgeschichte einordnen ließen. Owen hielt dagegen: Diese großen Eidechsen, die Dinosaurier also, mussten ausgestorben sein, weil sie auf der Arche Noah keinen Platz gefunden hatten. Er nahm eben nicht nur die Schöpfungserzählung wörtlich, auch die Geschichte von der Sintflut war seiner Meinung nach kein Mythos, sondern die Erinnerung an Ereignisse, die tatsächlich so stattgefunden hatten. Heute wissen wir: Selbst wenn Noah die Arche tatsächlich gebaut hätte, hätte er die Dinosaurier nicht wegen Platzmangels von der Mitfahrt ausschließen müssen. Sie waren schon seit Millionen von Jahren ausgestorben.

Wie also verhält es sich tatsächlich mit den Dinosauriern und der Bibel? Gewiss, ein Fachbegriff, der erst im Jahr 1841 eingeführt wurde, wird sich schwerlich in Texten wiederfinden, die vor mehr als zwei Jahrtausenden entstanden sind. Das bedeutet aber nicht, dass dort nicht von anderen »schrecklichen und großen Eidechsen« die Rede ist, die dem nahekommen, was wir heute als »Dinosaurier« bezeichnen würden.

Dinosaurier in der Bibel

Tatsächlich stößt man in der Bibel auf einen hebräischen Begriff, der auf Griechisch mit *drákon* und auf Deutsch mit »Drache« wiedergegeben werden kann. Dieser hebräische Terminus *tannijn*, den man nicht – wie es häufig geschieht – mit *tannijm*, der Pluralform von »Schakal« verwechseln sollte, kommt im Alten Testament 14-mal vor. Mit einem Drachen, wie man ihn als Fabelwesen kennt, hat er aber nicht viel zu tun. Das wird klar, wenn man diese 14 Textpassagen etwas genauer unter die Lupe nimmt und sich die Eigenschaften des Tieres anschaut.

Ein *tannijn* lebt in erster Linie auf dem Land (Jer 51,34, Ps 91,13), wird dem ersten Buch der Bibel (Gen 1,21) zufolge aber auch im Wasser angetroffen, weshalb ihn Luther in seiner 1545 veröffentlichte Bibelübersetzung auch einen »Walfisch« nannte. Auch in anderen Texten wird das Wasser – bald das Meer, bald Flüsse – als Lebensraum des *tannijn* angegeben (Ijob 7,12, Ez 29,3 oder 32,2). Psalm 74,13 und das Jesajabuch beschreiben einen Ur-Kampf zwischen Gott und diesem Ur- bzw. Untier. Wie ein *tannijn* genau aussieht, wird allerdings in keinem der Texte im Detail beschrieben. Das Wesen kann sich am Land wie im Wasser fortbewegen und ähnelt einer Schlange. Die Autoren der Bibel scheinen sich eine Art amphibisch lebendes Reptil vorgestellt zu haben. Dabei haben aber nicht alle dasselbe Bild vor Augen. Wenn wir das Wort *tannijn* als einen allgemeinen Begriff für sehr große Reptilien verstehen, lassen sich unter diesem Oberbegriff drei dinosaurierartige Wesen unterscheiden, von denen in der Bibel die Rede ist.

Dinosaurier Nummer 1

Das erste derartige Tier heißt »Rahab« und trägt in allen sechs Texten, in denen es vorkommt, eindeutig mythische Züge. Rahab ist ein Seeungeheuer, das möglicherweise ein mesopotamisches Vorbild hatte. Die akkadische Sprache kennt nämlich den Begriff *rūbu* bzw. *rubbu*, mit dem das Überwallen und Aufbrausen des Wassers bezeichnet wird. Um die Welt zu erschaffen – so die altorientalische Vorstellung, an der sich auch die Hebräische Bibel orientiert –, musste Gott die Mächte des Chaos bezwingen. Das Meer ist eine dieser Chaosmächte und so muss zum Beispiel der babylonische Gott Marduk die für den Urozean stehende Göttin Tiamat bezwingen. In einem Epos aus Ugarit besiegt der Gott Baal den Gott Jammu, der das Urmeer repräsentiert. Rahab ist ebenfalls eine solche monströse Macht, welche vom biblischen Gott in die Knie gezwungen wird (Ps 89,10; Ijob 26,12). Ijob 9,13 geht allerdings davon aus, dass Rahab nicht ein einzelnes Individuum ist, sondern eine ganze Tiergattung. So wie beim *tannijn* ist auch im Fall von Rahab unklar, wie genau man sich dieses Meeresungeheuer vorstellen muss. Als sehr altes Urtier, das am Anbeginn der Zeiten mit Gott gerungen hat, rückt es aber durchaus in die Nähe des Zeitalters der Dinosaurier.

Dinosaurier Nummer 2

Wesen Nummer zwei, das als Dinosaurier verstanden werden kann, ist der »Leviathan«, der in der Bibel fünfmal vorkommt und deutlich detailgenauer beschrieben wird. In kurzen Psalm-Passagen (74,14 bzw. 104,26) sowie im Buch Jesaja (27,1) erfahren wir, dass er im Meer lebt. Damit dürfte der Leviathan entgegen der häufigen Zuschreibung gerade kein Krokodil sein, denn gegenwärtig gibt es keine Belege für Salzwasserkrokodile im Mittelmeer. Überhaupt gab es in Israel und Palästina in biblischer Zeit nur sehr kleine Krokodile, die in schlammigen Flüssen lebten. Von daher erklärt sich auch der Umstand, dass sie in der gesamten altorientalischen Literatur – und auch in der Bibel – nicht vorkommen.

Auch die ausführliche Beschreibung des Leviathans im 41. Kapitel des Ijobbuches lässt gerade nicht an ein Krokodil denken. In einer langen Reihe von rhetorischen Fragen erfährt man dort, dass ein Leviathan weder geangelt noch mit einem Strick gefangen werden kann. Schwert, Speer, Wurfspieß oder Fischharpune können seine Haut nicht durchbohren. Weder Pfeile noch Schleudersteine können ihn vertreiben, und auch das gefürchtete Krummschwert, mit dem man sich in Ägypten und in Mesopotamien im Kampf Mann gegen Mann abzuschlachten pflegte, kann ihm nichts anhaben. Der Leviathan hat mächtige Glieder und ein kräftiges Doppelgebiss mit schreckenerregenden Zähnen. Sein Körper ist mit eng geschlossenen, beinahe versiegelten Schuppenreihen versehen. Bewegt er sich am Land, hinterlässt er eine Spur der Verwüstung. Im Wasser aber »bringt er die Meerestiefe zum Sieden wie einen Kochtopf« (Ijob 41,23).

Auch wenn die Rabbiner aus dem Leviathan später einen furchterregenden Meeresdrachen machen sollten und die Christen ihn gar zum Sinnbild des Teufels erklärten, scheint der biblische Text alles in allem ein reales Tier beschreiben zu wollen, dabei kann man an einen Meeresdinosaurier denken.

Dinosaurier Nummer 3

Das dritte Wesen, bei dem es sich ebenfalls um einen Dinosaurier handeln könnte, ist der »Behemot«. Einmal mehr ist es hier Luther gewesen, der mit seiner Bibelübersetzung die Interpretation dieses Wortes nachhaltig beeinflusst hat. Er gab »Behemot« nämlich mit »Nilpferd« wieder. Andere Bibelübersetzungen vermuten in ihm dagegen einen Elefanten. Da das Tier in der ganzen Bibel nur ein einziges Mal vorkommt (Ijob 40,15), ist guter Rat teuer. Vermutlich handelt es sich bei dem Wort um eine Pluralform von *b^{e}hemah*. Dieses Wort kommt häufig vor und bedeutet schlicht und ergreifend: »Tier, das auf vier Beinen läuft«. Behemot wäre demnach ein *pluralis majestatis*, ein Majestätsplural, der Größe, Stärke und Würde zum Ausdruck bringen soll. Nichtsdestotrotz wird das Tier in der Bibel ziemlich genau beschrieben. An ein Nilpferd oder einen Elefanten erinnert diese Beschreibung aber nicht: Der Behemot frisst Gras, ist sehr kräftig und hat – anders als Nilpferde oder Elefanten – einen gewaltigen Schwanz, den er »gleich einer Zeder hängen lässt«, während »die Sehnen seiner Schenkel geflochten sind«. Außerdem sind »seine Knochen wie Röhren aus Bronze und seine Gebeine wie Stangen aus Eisen«. Er lagert in einem Versteck von Rohr und Sumpf, Bachpappeln umgeben ihn (Ijob 40,15-22).

Aufgrund dieser Beschreibung meinen einige Wissenschaftler, im Behemot einen Iguanodon oder gar einen Brontosaurus erkennen zu können. Beide fressen Gras, und beim Iguanodon würde sogar die Beschreibung der Sehnen seiner Schenkel passen, denn diese waren, wie man gut aus den erhaltenen Fossilien erkennen kann, dicht geflochten. Auch der eigenartige Hinweis »Gott gab ihm sein Schwert« (Ijob 40,19) kann mit einem Verweis auf das Iguanodon erklärt werden. Das Tier besaß nämlich eine multifunktionelle Hand mit einem aufgerichteten Daumen, der tatsächlich wie eine Art Schwert oder Dolch aussah und wohl als Waffe eingesetzt werden konnte. Und auch der riesige Schwanz des Iguanodons entspricht geradezu perfekt dem Bild einer Zeder.

* * *

Wie in vielen Texten der antiken Welt kommen also auch in der Bibel seltsame Tiere vor, die als gigantische Schlangen oder übergroßen Echsen beschrieben werden. Sie leben auf dem Land, können aber auch schwimmen. Dass die biblischen Autoren sich mit dem Behemot auf ein Tier beziehen, das schon seit der frühen Kreidezeit, also seit ca. 115 Millionen Jahren, nicht mehr existierte, ist eher unwahrscheinlich. Aber dennoch: Paläontologen haben in Israel und Palästina

Fossilien von großen Dinosauriern gefunden. Möglicherweise hatten auch die Menschen zu biblischer Zeit solche riesigen versteinerten Knochen entdeckt, beschrieben sie in ihren Texten und bauten sie fantasievoll in eine bunte, faszinierende, mythische Welt ein, wie wir das auch aus den alten Zivilisationen Chinas, Lateinamerikas oder des alten Orients kennen. In den Erzählungen, die dabei entstanden sind, gibt es dann tatsächlich »gewaltige und schreckliche Echsen«, »Dinosaurier« eben, wie wir auf Deutsch sagen würden.

2.

Wer fürchtet sich vor dem weißen Einhorn?

Einhorn-Tischlampen, Einhorn-Toilettenpapier, Einhorn-Hausschuhe, Einhorn-Ganzkörperschlafanzüge samt Stoffhorn auf der Kapuze und nicht zuletzt auch Einhorn-Kondome: Einhörner sind die Marketing-Alleskönner par excellence und noch dazu weitgehend genderneutral. Wer aber denkt, dass man die Allgegenwärtigkeit des Fabeltiers nur dem schnöden Kapitalismus zu verdanken hat, irrt gewaltig. Denn das Einhorn war schon immer ein Verkaufsschlager. Für eine Prise gemahlenen Horn-Extrakts waren die Menschen von der Antike bis in die Neuzeit bereit, stattliche Summen zu bezahlen. Das sagenumwobene Tier, das wir uns heute als prächtiges weißen Pferd mit einem langen schneckenartig gedrehten, spitz zulaufenden Horn auf der Stirn vorstellen, stammt allerdings nicht – wie man vermuten könnte – aus der griechischen oder römischen Mythologie. Vielmehr ist das Einhorn ein durch und durch biblisches Wesen.

Einhörner außerhalb der Bibel

Doch widmen wir uns zunächst dem Vorkommen der Einhörner außerhalb der Bibel. Kein Geringerer als Aristoteles, vielleicht der bedeutendste Philosoph der Antike, berichtete in seinem berühmten Werk zur Tierkunde, der *Historia Animalium*, dass ein gewisser Ktesias von Knidos während einer Indienreise einem solchen Tier begegnet sei. Es sehe aus wie ein »wilder Esel, der den Pferden gleicht, nur größer. Der Leib ist weiß, der Kopf purpurrot, die Augen dunkelblau. Auf der Stirn hat es ein Horn von der Länge einer Elle [ca. 30 cm].« Aristoteles selbst hatte zwar nie ein Einhorn gesehen, er ergänzt die Beschreibung des Ktesias aber nichtsdestotrotz um den Hinweis, dass vom Horn des Tieres heilende Kräfte ausgingen. Geraspelt sei es ein effektives Gegenmittel bei Vergiftungen aller Art, aber auch ein bewährtes Heilmittel gegen die Epilepsie und Hautkrankheiten. Da Aristoteles im Mittelalter eine wichtige wissenschaftliche Autorität war, gab es nicht wenige Päpste und Kaiser, die unter Berufung auf seine Schrift gerne aus Bechern tranken, denen man nachsagte, sie seien aus dem Kopfschmuck eines Einhorns gefertigt.

Die ausführlichste Beschreibung dieses Wesens stammt aber von Plinius dem Älteren. Der römische Gelehrte starb 79 n. Chr. beim Ausbruch des Vesuvs. Er war – von seinem unbändigen Forschungsinteresse getrieben – dem Krater so nah gekommen, dass er sich eine Rauchgasvergiftung zugezogen hatte. Plinius hinterließ ein gewaltiges Werk, hatte er doch in 37 Bänden das gesamte naturkundliche Wissen der damaligen Zeit zusammengetragen. Im achten Buch seiner *Historia Naturalis* doziert er über ein »sehr wildes Tier, namens ›Einhorn‹ (*monoceros*), das den Kopf des Hirsches, die Füße des Elefanten und den Schwanz des Ebers hat, während der Rest des Körpers dem des Pferdes gleicht. Es macht ein tiefes, leises Geräusch und hat ein einziges schwarzes Horn, das aus der Mitte seiner Stirn zwei Ellen [ca. 70 cm] lang herausragt.«

Wenige Jahrzehnte später befasste sich der römische Philosoph Claudius Aelianus (170-235 n. Chr.) in seinem Werk »Tiergeschichten« unter anderem mit Form und Eigenschaften des Horns: Dieses sei »spiralig gedreht und in der Mitte schwarz«. Außerdem wusste der Gelehrte noch einige andere interessante Details zu berichten. Beispielsweise konnte man seinen Schriften entnehmen, dass sich die Wildheit des Einhorns am besten durch weiblichen Einfluss zähmen lasse, und schließlich, dass es zur Paarungszeit dazu tendiere, sich gesellig zu verhalten.

Einhörner in der Bibel: nur eine falsche Übersetzung?

Es war dann Martin Luther, der dem Einhorn zu seiner Popularität in der kirchlichen Tradition verhalf. Gleich neunmal kommt das stolze, damals aber auch für gefährlich und unbändig gehaltene Tier in seiner 1545 veröffentlichten Bibelübersetzung vor. Sogar Jesus soll, folgt man Luther, an Einhörner geglaubt haben. Kurz vor seinem Tod am Kreuz betete er nämlich einen Teil von Psalm 22, in dem es in der ersten deutschen Bibelübersetzung hieß: »Hilf mir aus dem Rachen des Löwen und errette mich vor den Einhörnern!« (Ps 22,22)

Die ältesten Einhorn-Erzählungen aber stammen aus dem Buch Numeri, in dem das Tier zweimal innerhalb einer Metapher vorkommt (Num 23,22 und 24,8) und die Stärke des Volkes Israel verkörpert: »Es [das Volk] hat Hörner wie ein Einhorn. Es frisst die Völker, die ihm feind sind, es zermalmt ihre Knochen und zerbricht ihre Pfeile.« In eine ähnliche Richtung geht auch das Buch Deuteronomium: »Seine [Israels] Hörner sind wie Einhornshörner«, heißt es dort, »mit diesen wird es die Völker stoßen zuhauf bis an das Ende des Landes.« (Dtn 33,17) Schließlich stellen die biblischen Autoren auch einen Einhorn-Vergleich an, wenn sie die Stimme Gottes beschreiben wollen. Diese sei so mächtig, heißt es in Psalm 29,6, dass die Erde bebt, »als ob Einhörner galoppieren würden«.

Die Bibel weiß aber auch praktische Fakten über Einhörner zu berichten. Ähnlich wie bei Ktesias wird auch hier festgestellt, dass man Einhörner weder fangen noch domestizieren könne. Die rhetorische Frage Gottes an den armen Ijob ist nämlich klar mit einem »Nein« zu beantworten: »Meinst du etwa, das Einhorn werde dir dienen und an deiner Krippe bleiben?« (Ijob 39,9) Auch erfährt man, dass das Tier trotz seiner Stärke nicht für die Feldarbeit eingesetzt werden kann: »Hältst du das Einhorn in der Furche an seinem Seil, oder wird es die Talgründe hinter dir her pflügen?« heißt es einmal mehr im Ijob-Buch (Ijob 39,10). Schwer zu besiegen sind die pferdeartigen Wesen vor allem deshalb, weil sich ihr Horn immer wieder neu erhebt (Ps 92,11). Auch wenn nicht klar ist, was damit gemeint sein könnte, nahm man diese Textstelle im Mittelalter doch als Beleg dafür, dass ein Getränk mit einer Essenz von zermahlenem Einhorn-Horn Abhilfe bei Erektionsproblemen schaffen würde.

Obwohl Martin Luther selbst von der Existenz von Einhörnern überzeugt war, sind diese seit der sprachlichen Revision der Übersetzung aus dem Jahr 1984 auch aus der Luther-Bibel verschwunden. Diese Entscheidung ist aus sprachwissenschaftlichen, vor allem aber aus zoologischen Gründen durchaus nachvollziehbar: Einhörner sind in der Natur nicht beleget. Nichtsdestotrotz wurde damit eine jahrtausendealte Übersetzungstradition mit einem Schlag ausgelöscht.

Auf der Suche nach der Herkunft der biblischen Einhörner muss man den Originaltext konsultieren.

Im Hebräischen wird für »Einhorn« das Wort *r^{e}’em* verwendet. Als die Bibel in hellenistischer Zeit (ab dem 3. Jahrhundert v. Chr.) dann in die damalige Weltsprache, das Griechische, übersetzt wurde, verwendete man für *r^{e}’em* das griechische Wort *monókerōs*. Dieser Begriff ist auf Deutsch unmissverständlich: *mónos* bedeutet »eins« und *kéras* heißt »Horn«. Das *r^{e}’em* war also für die – dafür eigens autorisierten – griechischen Übersetzer der Hebräischen Bibel zweifelsohne ein Einhorn. Die älteste lateinische Übersetzung der Bibel, die »Vetus Latina«, macht es genauso und verwendet das Wort *unicornis* (Einhorn). Eine später entstandene Übersetzung, die aufgrund ihrer weiten Verbreitung den Namen »Vulgata« (die Bibel des Volkes) erhalten hat, verzichtet zwar nicht ganz auf das Einhorn, das sie bald *unicornis,* bald *monoceros* nennt; sie ersetzt es aber an einigen Stellen mit dem auch sonst in der Bibel häufig anzutreffenden *rhinoceros,* mit dem Nashorn also.

Um was für ein Tier es sich beim *r^{e}’em* tatsächlich gehandelt hat, kann man heute nicht mehr zuverlässig rekonstruieren. Vielleicht stellten die biblischen Autoren sich Einhörner wie mächtige Auerochsen vor, deren Abbildungen die Tore der antiken Stadt Babylon schützen sollten. Da diese auf den Reliefs aus einer Seitenperspektive abgebildet waren und dadurch nur ein Horn – dieses dafür aber umso dominanter – zu sehen war, konnte man sie leicht für Einhörner halten. Vielleicht hatten sie aber auch die Abbildungen auf dem berühmten »schwarzen Obelisken« des assyrischen Königs Salmanassar III. (9. Jahrhundert v. Chr.) im Blick. Dort sind nämlich vierbeinige, stierartige Tiere mit einem einzigen Horn auf der Stirn zu sehen.

Das Einhorn in der jüdischen-christlichen Welt

Details zur fabelhaften Vergangenheit des Einhorns liefert auch der Talmud, das neben der Tora wichtigste Glaubensbuch des Judentums. Darin wird erzählt, dass das Einhorn von Noah mit auf die Arche genommen worden sei. Da sich die Rabbiner allerdings nicht einig waren, ob ein derart wildes Tier überhaupt mit den anderen Tieren auf der Arche hätte zusammenleben können, mutmaßte man, das Einhorn sei hinter der Arche hergeschwommen und mit einem am Horn befestigten Seil am Abtriften gehindert worden.

Eine allegorische Sicht auf das Einhorn liefert schließlich eine frühchristliche Schrift aus dem zweiten nachchristlichen Jahrhundert, die unter dem Namen *Physiologus* bekannt werden sollte, was übersetzt so viel bedeutet wie »derjenige, der die Natur untersucht«. Darin sind Geschichten über Tiere, Pflanzen und Steine enthalten, die mit christlichen Tugenden bzw. mit biblischen Gestalten in Verbindung gebracht werden. Das weiße Einhorn wird in der bildhaften Redeweise des *Physiologus* mit Jesus Christus identifiziert, sein Horn mit dem Glauben an den einen einzigen Gott. In der Folge wurden vermehrt Einhörner in Kirchen abgebildet und dargestellt. Noch heute findet man sie auf manchen alten Messgewändern oder auf den gestickten Einbänden liturgischer Bücher. Im Mittelalter lieferte dann Hildegard von Bingen in ihrer Schrift *Liber subtilitatum diversarum naturarum creaturarum* (Buch von den Geheimnissen der verschiedenen Naturen der Geschöpfe) eine detaillierte Anleitung zum Fangen von Einhörnern mithilfe blonder Jungfrauen. Zudem empfahl sie eine Salbe aus Einhornleber gegen Hautkrankheiten, während Einhornleder als bewährtes Mittel gegen die Pest und Fieber oder als Garant für gesunde Füße diente, Letzteres aber nur, wenn man daraus seine Schuhe fertigte. Der Handel mit Einhorn-Waren wurde damit zum lukrativen Geschäft.

Biographen von Bonifatius VIII. berichten sogar, dieser Papst habe seit dem Jahr 1295 vier lange und spiralförmige Krüge aus Einhorn-Hörnern besessen, aus denen er sämtliche Getränke zu sich nahm, war er doch überzeugt, dass dadurch jedes Gift unschädlich würde. Und Albertus Magnus, ein wichtiger Kirchengelehrter des 13. Jahrhunderts, der auch als Experte in Naturwissenschaft, Medizin und Alchemie galt, predigte oft und gerne über die widersprüchlichen Eigenschaften des Einhorns – stark und wild, zugleich aber auch sanft und gut. Die Wildheit interpretierte er als Zorn Christi beim Jüngsten Gericht. In der Sanftheit des Tieres dagegen sah er die Menschwerdung Christi und seine Geburt durch die Jungfrau Maria. Albertus' Überlegungen hatten in der Folge massiven Einfluss auf die Kirchenmalerei. Deshalb ist auf Bildern, welche die Verkündigung durch den Erzengel Gabriel an die Jungfrau Maria zeigen, nicht selten ein – für den noch ungeborenen Jesus stehendes – weißes Einhorn zu sehen, das in den Schoß der Gottesmutter springt.

Alles in allem dürften Kirchenmänner noch bis ins 18. Jahrhundert an die reale Existenz der Einhörner geglaubt haben. Hilfreich für die Aufrechterhaltung dieses Glaubens war, dass – auch wenn in Wahrheit niemand ein Einhorn je zu Gesicht bekommen hatte – doch immer wieder die Hörner dieses Tieres auftauchten. Dass es sich dabei um die Stoßzähne von Narwalen handelte, wussten die geschäftstüchtigen Verkäufer dieser Rarität gewissenhaft zu verschweigen.

* * *

Mit dem gesteigerten historisch-kritischen Interesse an den biblischen Texten wurde auch das *r^e'em* genauer unter die Lupe genommen. Und weil Zoologen inzwischen die Existenz des Einhorns endgültig widerlegt hatten, verschwand das Tier allmählich aus den Bibelübersetzungen, in denen heute anstatt des Einhorns nur noch Wildtiere wie Büffel, Nashörner oder der mittlerweile ausgestorbene Auerochse vorkommen. Das Einhorn dagegen eroberte sich mehr und mehr die Welt des Profanen, wo man heute eine Menge Geld mit ihm machen kann.

3.

Drachenzähmen leicht gemacht?

Ähnlich wie die Hexen haben auch die Drachen in den letzten Jahrzehnten eine neue Hochkonjunktur erlebt. In Bilderbüchern, Hörspielen, Zeichentrickfilmen und sogar auf Cornflakes-Packungen sind sie die neuen Helden, halten Einzug in die Kinderzimmer, geben in der Rolle eines Verbündeten und Freundes Orientierung in einer lauten und schnellen Welt. Ganz gleich, ob es der zahme Reitdrache Ohnezahn und seine Drachen-Kumpel sind, oder der drollige Drache Nepomuk aus den Jim-Knopf-Romanen, sie alle sind positive Gestalten, die von der Kulturindustrie bewusst mit einem hohen Identifikationspotenzial ausgestattet werden. Kinder lieben sie, weil sie ihnen das Gefühl geben, dass das scheinbar Unveränderliche doch verändert werden kann, Zauberei und Magie über die oftmals unschönen und harten Fakten des »echten« Lebens zu siegen vermögen.

Das war aber nicht immer so. Im Gegenteil: Drachen galten beinahe 5.000 Jahre lang als Verkörperung des Bösen. Die Bibel war daran einmal mehr nicht ganz unbeteiligt, selbst wenn in ihren vielen Schriften letztlich nur ein einziges Mal explizit von einem Drachen die Rede ist. In der Offenbarung des Johannes wird dieser jedoch als das böseste und gefährlichste jemals existierende Unwesen eingeführt.

Drachen in der altorientalischen Welt

Die Texte der Bibel sind in ihrer kulturellen und sozialen Umwelt gut verankert, und es braucht insofern auch nicht zu überraschen, dass besagter Drache keine Erfindung des Neuen Testaments ist. Vielmehr liegen der Kunstgeschichte deutlich ältere Darstellungen vor, wie beispielsweise diejenige von einem sumerischen Rollsiegel aus dem dritten vorchristlichen Jahrtausend. Zu sehen ist darauf ein eigenartiges Wesen mit einem muskulösen Körper, der an einen Stierrumpf erinnert. Auf dem sich stolz in die Höhe windenden, schlangenartig geschwungenen Hals thront der Schädel einer Löwin, der lange Schwanz endet mit dem Giftstachel eines Skorpions. Dieses Bildnis gilt als die älteste heute noch erhaltene Abbildung eines Drachen. Dieses uralte Bild zeigt bereits eine ganze Reihe von Merkmalen, die sich in der Darstellung dieses Tieres bis in unsere Zeit hinein als wesentlich erhalten haben. Drachen waren und sind nämlich Mischwesen, deren Körperteile teils an Schlangen, teils an Löwen erinnern. Sie werden häufig mit Gift in Verbindung gebracht, besitzen übernatürliche Fähigkeiten, die sie gefährlich machen, und sie gehören irgendwie in den Bereich des Numinosen. Manchmal treten sie als Diener einer Gottheit in Erscheinung, manchmal sind sie ihre Gegner.

Ein knappes Jahrtausend nach besagtem Rollsiegel tauchen in Hochkulturen Mesopotamiens und im Stadtstaat Ugarit die ersten Texte auf, die ein weiteres bis heute zentrales Motiv enthalten: den Drachenkampf mit einem klar identifizierbaren Drachentöter. Dieser kann ein Gott, ein Held oder – wie später in der christlichen Ikonographie – ein Heiliger sein. Siegfried, der heilige Georg, der griechische Held Perseus oder der mesopotamische Gott Marduk sind als berühmte Drachentöter in die Geschichte eingegangen.

Der bekannteste Drache des alten Orients ist Muschchuschu, der ursprünglich am Ischtar-Tor in Babylon abgebildet war und heute im Berliner Pergamonmuseum ein neues Zuhause gefunden hat. Das goldene Tier vor dem blauen Hintergrund erinnert auf den ersten Blick an einen Löwen, hat aber einen Schlangenkopf und Hörner. Der Körper ist von Schuppen bedeckt wie bei einem Fisch, der Hals dagegen ist behaart. Die Vorderbeine gleichen denen eines Panthers, die Hinterbeine sind die eines Raubvogels, der lange Schwanz endet – auch in seinem Fall – mit einem Skorpionstachel.

Der Drache und die Bibel

Gegen ein solches Tier soll auch der junge Prophet Daniel gekämpft haben. Allerdings wird das nicht in der Bibel überliefert, sondern in einer lediglich auf Altgriechisch vorliegenden, »jungen« Erzählung aus dem 3. Jahrhundert v. Chr., die nur von der katholischen Kirche – also weder im Judentum noch in der protestantischen Tradition – anerkannt wird. Das Tier dort heißt Bel und stirbt, nachdem ihm Daniel einen Fladen aus Pech, Fett und Haaren zum Fressen vorgeworfen hat (Dan^{LXX} 14,27).

Wenn man die Darstellung des Bel genauer betrachtet, wird schnell klar, woher das Drachenbild in der christlichen Tradition stammt. Inspiriert ist die Gestalt von der altorientalischen Mythologie. Die aus den Märchen bekannte Vorstellung von einem bösen Drachen und einer hübschen Prinzessin, die vom Drachen gefangen gehalten wird und von einem Prinzen – der manchmal auch die Bestie tötet – gerettet werden muss, stammt hingegen aus der griechischen Sagenwelt.

Vom Griechischen leitet sich auch das Wort ›Drache‹ ab, denn die Ableitung aus dem ursprünglichen *drákōn* hat sich in allen germanischen und neolateinischen Sprachen durchgesetzt. Neben dem deutschen Drachen kennen wir: the drake, il drago, le dragon, el dragón usw.

In der griechischen Übersetzung des Alten Testaments kommt der *drákōn* übrigens auch vor, und zwar als Bezeichnung für ganz unterschiedliche Wesen, die im hebräischen Original tatsächlich auch unterschiedlich bezeichnet wurden. Die Übersetzung ist nämlich nicht konsequent, weshalb man davon ausgehen kann, dass der alttestamentliche Drache kein richtiger Drache war, sondern lediglich das Ergebnis einer Verlegenheitsübersetzung. Das griechische *drákōn* wird nämlich zur Widergabe hebräischer Ausdrücke verwendet, die ansonsten Schlangen, Seeungeheuer, aber auch Löwen, Schakale und sogar Ziegenböcke bezeichnen. Zumindest für Luther galten selbst die Serafim aus dem sechsten Kapitel des Jesaja-Buches, die in der christlichen Tradition gerne als Engel mit sechs Flügeln und Beschützer des himmlischen Throns Gottes gesehen wurden, als gefährliche »Drachen«. Von manchen dieser Wesen hieß es, dass sie Feuer speien könnten, was alles in allem recht gut zum Drachenbild in der Zeit Luthers passte.

Das durch die undifferenzierte Übersetzung ins Griechische verursachte »Drachendurcheinander« im Alten Testament wird im Neuen Testament dann einigermaßen bereinigt. Dort wird das Wort *drákōn* nämlich – wie oben schon erwähnt – nur für ein einziges Tier gebraucht, das auch erst in der letzten Schrift der christlichen Bibel, in der Offenbarung des Johannes, in Erscheinung tritt. Dieses Wesen hat wie kein anderes die Fantasie der Nachwelt beeinflusst und ist gewissermaßen zum Prototypen des Drachen in der europäisch-christlichen Tradition des Mittelalters geworden.

Der böseste aller Drachen

Der Drache der Offenbarung ist ein Geschöpf, das einer großen Schlange ähnelt und ohne große Umschweife mit dem Feind des Christentums schlechthin, dem Teufel, identifiziert wird. »Der große Drache, die alte Schlange, die ›Teufel‹ oder ›Satan‹ heißt«, liest man in Offenbarung 12,9. Später wird dieser Drache mit einem falschen Propheten gleichgesetzt (Offb 20,10) und in einer noch späteren Tradition mit dem sogenannten Antichristen, einer Gestalt, die innerhalb der Bibel allerdings nirgends vorkommt. Bei seinem ersten Erscheinen jedenfalls zeigt sich der Drache gleich von seiner bösesten Seite. Waren die Drachen in den höfischen Erzählungen des Mittelalters auf das Entführen von Prinzessinnen spezialisiert, bei denen es sich im Idealfall um Jungfrauen handelte, hat es der Drache der Offenbarung eher auf schwangere Königinnen abgesehen.

Ganz konkret bedroht er eine Frau, die eine Krone trägt und gerade dabei ist, ein Kind zu gebären. Auch gelüstet es ihn, das Neugeborene zu verschlingen, was für einen Drachen eher ungewöhnlich ist. In den späteren Mythen und Epen nämlich fressen Drachen Ziegen, Schafe und Eier, manchmal sogar Steine und trinken am liebsten Milch. Menschen stehen dagegen nur selten auf ihrer Speisekarte, und wenn doch einmal ein Mensch gefressen wird, ist das entweder ein Zufall oder die Folge eines Kampfes. Zwei wichtige Ausnahmen sind der Quetzalcóatl, der »leuchtende Schwanzfederdrache« der Azteken, der sogar ausdrücklich Menschenopfer forderte, und jener Drache, der heute noch als Symbol der italienischen Stadt Mailand gilt und traditionell mit einem Mann in seinem Maul abgebildet wird. In letzterem Fall dürfte aber kein reales Ungeheuer gemeint sein. Vielmehr handelt es sich um eine symbolhafte Darstellung, in der der Drache einen besonders bösartigen Menschen verkörpert.

Doch zurück zum menschenfressenden Drachen der Offenbarung, der im zwölften Kapitel der sogenannten Apokalypse präzise beschrieben wird. Es handelt sich bei ihm um ein großes, feuerrotes Tier mit sieben Köpfen, zehn Hörnern und sieben Diademen. Die Anzahl der Köpfe und Hörner ist symbolisch zu verstehen und spielt auf die jüdisch apokalyptische Traumvision aus dem Buch Daniel an, wo aus dem Meer gleich mehrere bedrohliche Untiere hervorsteigen (Dan 7,2-8). Die übernatürliche und zerstörerische Macht des Drachens wird auch zum Ausdruck gebracht, indem geschildert wird, dass er mit seinem Schwanz ein Drittel der Sterne vom Himmel wegfegt und auf die Erde schleudert (Offb 12,4). Auch hier haben wir es mit einem Bild zu tun, das die Autoren der Offenbarung recht einfallslos aus dem Buch Daniel übernehmen (Dan 8,10).

Vom Aussehen her ähnelt der Drache einer »alten Schlange«, was dazu geführt hat, dass in späteren christlichen Schriften die Schlange, die Eva im Garten Eden in Versuchung führt, ebenfalls mit dem Drachen und in der Folge mit dem Teufel gleichgesetzt wurde. Im Unterschied zu den Drachen aus dem Mittelalter, die ab und an Feuer spien, spuckt der Drache der Offenbarung zunächst einen gewaltigen Wasserstrom und später sogar Frösche aus. Bereits die Charakterisierung vom Aussehen und Verhalten des Drachens erinnert also an klassische altorientalische Motive und auch die Fortsetzung der Erzählung spielt auf alte mythologische Traditionen an.

Dem Drachen gelingt es nämlich nicht, den Säugling in seine Gewalt zu bekommen und zu verschlingen, denn dieser wird unmittelbar nach seiner Geburt zum Thron Gottes entrückt. Auf diese Weise wird der endzeitliche Entscheidungskampf zwischen der göttlichen und der teuflischen Sphäre in Gang gesetzt, ein Motiv, das im Alten Orient wohlbekannt war. Michael und seine Engel treten in der Folge gegen den Drachen und sein Dämonen-Heer an. Wer an dieser Stelle jedoch einen richtigen apokalyptischen Kampf erwartet, wird enttäuscht: Die kriegerischen Handlungen, die mit dem Sturz der Gott feindlich gesinnten Mächte auf die Erde endet, wird lediglich erwähnt, nicht aber beschrieben.

Der Drache ist nun zwar prinzipiell besiegt, kann seine Macht auf Erden aber noch für eine bestimmte Zeitspanne ausüben. Trotzdem gelingt es ihm nicht, der Frau habhaft zu werden oder das neugeborene Kind zu fressen. Nichtsdestotrotz gibt er sich nicht so schnell geschlagen, er lässt sich vielmehr von zwei anderen bedrohlichen Wesen helfen. Das eine kommt aus dem Meer, das andere vom Land. Ob es sich bei ihnen um zwei weitere Drachen(arten) handelt, lässt der Text allerdings offen. Jedenfalls bleibt der Drache einstweilen noch eine Bedrohung. 1.000 Jahre lang, so heißt es zumindest in der Offenbarung, kann er in den

Tiefen des Ozeans gefangen gehalten und insofern unschädlich gemacht werden (Offb 20,1-3), bevor er für kurze Zeit wieder in Aktion tritt. Was dann kommt, ist aber keine Auferstehung, sondern lediglich eine Art letztes Aufbäumen, bevor er schlussendlich doch in einen See aus Feuer und Schwefel geworfen wird und dort bis in alle Ewigkeit fürchterliche Qualen leiden muss (Offb 20,10).

* * *

Der Drache aus dem Neuen Testament ist also kein lieber schwarzer Ohnezahn, den man reiten und streicheln kann, und er ähnelt auch nicht der (weitgehend) positiven Gottheit der Fruchtbarkeit, wie sie in vielen chinesischen Drachen verkörpert wird. Er ist vielmehr der Inbegriff des Bösen. Überhaupt wird das Böse in der späteren Geschichte des Christentums immer wieder mit Tieren in Verbindung gebracht, die es – selbstverständlich – zu töten gilt, wenn man die Menschheit retten will. Weil man die Gefahren, die von manchen Tieren ausgingen, in ein einziges Tier zusammengepackte, hat auch das Bild des teuflischen Drachen aus der Offenbarung einen Beitrag dazu geleistet, dass in der christlichen Tradition gegen die Tiere als bedrohliche Gegner des Menschen immer wieder sehr undifferenziert – und häufig auch ohne zu hinterfragen – Stellung bezogen wurde.

4.

Ein Hahn mit Schlangenschwanz

Als Kaiser Karl VI. aus dem Hause Habsburg im Jahr 1740 an einer Knollenblätterpilzvergiftung starb, ohne einen männlichen Erben hinterlassen zu haben, und in der Folge gleich mehrere europäischen Fürsten einen Anspruch auf Gebiete erhoben, die unter der Kontrolle der Habsburger standen, brach ein bewaffneter Konflikt aus, der in der Geschichtswissenschaft als »Österreichischer Erbfolgekrieg« bekannt ist. Nach beinahe neun Jahren zähen Kräftemessens und blutiger Schlachten trafen sich die Vertreter der Streitmächte 1748 in Aachen, um einen Friedensvertrag zu unterschreiben. Die Thronerbin Maria Theresia, die sich selbst unterdessen bereits als Kaiserin bezeichnete, verlor zwar einige Gebiete, wurde aber als legitime Nachfolgerin von Karl VI. anerkannt und konnte in der Folge ihre umfassenden, Europa bis heute prägenden Reformen in der Staatsorganisation, der Justiz und im Bildungswesen vorantreiben.

Ein genialer Erfinder und Freund von eigenartigen Tieren

Während die Ereignisse um die kaiserliche Laufbahn der Maria Theresia den meisten Menschen bekannt sind, wissen nur die wenigsten, dass der sogenannte »Aachener Friedensvertrag« mit einem für die damalige Zeit äußerst innovativen Schreibgerät unterzeichnet wurde. Die Quellen stimmen nämlich darin überein, dass am Ende des auf Pergament verfassten Vertragstextes zumindest der englische Vertreter seinen Namen samt Adelstitel mit einer neumodischen stählernen Schreibfeder niederschrieb. Diese geniale, heute als Füllfeder bekannte Erfindung, die ein für alle Mal dem unsäglichen Leid von Tausenden von Gänsen, die bis zu diesem Zeitpunkt als Federlieferanten eingesetzt wurden, ein Ende bereitete, war das Werk eines gewissen Johannes Janssen.

Dieser arbeitete sein Leben lang als Bürgermeisterdiener in der Stadt Karls des Großen. Die Gänsefedern waren ihm wohl nicht aufgrund von tierethischen Überlegungen ein Dorn im Auge – denn gegen Ende des 18. Jahrhunderts interessierte sich dafür noch kaum jemand –, sie hatten vor allem den lästigen Nachteil, dass sie sich schnell abnutzten und mit dem Federmesser daher häufig nachgespitzt werden mussten. Das war für einen Vielschreiber wie Janssen eine recht mühselige Angelegenheit. Gerade weil er im Auftrag des Bürgermeisters von Aachen an einer ausführlichen Stadtchronik arbeitete, hatte er sich Tag für Tag mit den Gänsefedern und deren Bearbeitung abzuplagen. Bis er schließlich die Idee hatte, gemeinsam mit einem befreundeten Uhrmacher die erste Feder aus Stahl zu bauen.

Johannes Janssen war zwar als Erfinder genial, aber gegenüber dem Volksglauben seiner Zeit dürfte er eine eher unreflektierte, naive Haltung gehabt haben. In seinen »Historischen Notizen« über das Jahr 1748 kann man nämlich neben der ausführlichen Beschreibung des Aachener Friedenskongresses auch einen recht eigenartigen Vermerk finden, der weltpolitisch zwar keine Relevanz hatte, dafür aber umso kurioser anmutet. Der Stadtschreiber berichtet darin nämlich von zwei Hähnen und von dem Umstand, dass diese schmale, längliche Eier gelegt haben sollen und dass »aus diesen Hahnen-Eiern das erschreckliche giftige Tier, ›Basilisk‹ genannt, ausgebrütet« worden sei. Die darauffolgende – mit dem neuesten Hightec-Schreibgerät verfasste – Charakterisierung des sonderbaren Tieres stellt mehr oder minder eine Zusammenfassung jener volkstümlichen Vorstellungen dar, die man aus der Antike und aus den Bestiarien des Mittelalters über den Basilisken übernommen hatte.

»Diese Tiere«, weiß der Aachener Chronist zu berichten, »sind so schädlich und giftig, dass ein einziges in einem ganzen Land die Luft vergiften [könnte], dass Menschen und Vieh davon sterben müssen.« Und auch über das Aussehen des Basilisken wusste Janssen bestens Bescheid: »Dieses Tier ist gestaltet wie ein Hahn«, heißt es, »allein sein Sterz ist einer Schlange oder einem Drachen gleich [...]. Aber ein lebendiges Tier ist so voller Gift, dass wenn es ein Mensch von fern ansehen tut, er davon gleich sterben muss. Ja sogar wo das Tier sich aufhält, wächst weder Gras noch anderes Kraut, die Bäume und Sträucher verdorren durch seine giftige Gegenwart.« Obwohl der wissensdurstige Gelehrte und Erfinder geradezu als beispielhafter Vertreter der europäischen Aufklärung gelten kann, dürfte er keinerlei Zweifel an der Existenz des eigenartigen Wesens gehabt haben. Mehr noch, er empfahl auch mit voller Überzeugung die einzig richtige Methode, sich vor der Bestie zu schützen, nämlich sich vertrauensvoll an Gott zu wenden. Wörtlich schreibt er: »Gott will uns behüten hier zu Land vor dergleichen Tier.«

Der Basilisk in der antiken Welt

Tatsächlich war Janssen aber nicht der Erste, der den Basilisken mit so erstaunlicher Genauigkeit zu beschreiben wusste. Das furchterregende Tier, welches einen griechischen Namen trägt, der mit »kleiner König« übersetzt werden kann, taucht seit der griechischen Antike immer wieder in schriftlichen Quellen auf. Zum ersten Mal wird es vom Philosophen Demokrit im fünften vorchristlichen Jahrhundert erwähnt, ein paar Jahrhunderte später in der *Bibliothek Apollodors* sowie von Plinius dem Älteren. Der Basilisk hatte demnach einen spitzen Kopf, war goldgelb an Farbe und etwa 30 cm lang. Auf dem Kopf hatte er einen weißen Fleck, der wie ein Diadem oder eine Krone aussah. Sein Gift soll von einer solchen Kraft gewesen sein, dass der Körper seines Opfers anschwoll und schwarz wurde, das Haar ausfiel und in kürzester Zeit der Tod eintrat. Laut Plinius handelt es sich beim Basilisken um eine Art Schlange, doch bewegt er seinen Körper nicht wie die übrigen Schlangen in vielfachen Windungen vorwärts, sondern kriecht, während er sich in der Mitte hoch aufrichtet.

Die Überzeugung, dass bereits sein Hauch für Mensch und Tiere giftig sei, weist dem Basilisken einen Raum zwischen Mythos und Realität zu. »Durch sein Zischen«, schreibt Plinius um das Jahr 77 n. Chr. im achten Buch seiner *Historia Naturalis*, »verjagt er alle Schlangen [...]. Er lässt die Sträucher absterben, nicht nur durch die Berührung, sondern auch schon durch den Anhauch, versengt die Kräuter und sprengt Steine.« Die Darstellungen der Helden, die versucht haben, das Untier zu töten, erinnert an die klassischen Abbildungen des apokalyptischen Kampfes zwischen dem Erzengel Michael – und später dem Heiligen Georg – und dem Drachen. Allerdings mit weit unerfreulicherem Ausgang für Reiter und Pferd. Dem Basilisken wird nämlich nachgesagt, »dass jemand ihn einst zu Pferde mit einem Speer erlegt habe und dass das wirkende Gift an diesem emporstieg und nicht nur dem Reiter, sondern auch dem Pferd den Tod brachte.«

Einige Jahrhunderte später sollte dann der große Theologe und Kirchenlehrer Isidor von Sevilla (560-636) den Basilisken in höchsten Tönen preisen, sah er in ihm doch keinen Geringeren als den »König der Schlangen«. Seine eigentliche Berühmtheit erlangte das eigenartige Wesen aber dank den Ausführungen der wohl bedeutendsten Natur- und Heilkunde-Expertin des Mittelalters: Hildegard von Bingen. Neben vielen weiteren Details erfährt man im achten Buch ihres Werkes *Physica*, wie ein Basilisk das Licht der Welt erblickt: Er wird inmitten von Mist von einer Kröte aus einem Schlangen-, Hühner- oder Hahnenei ausgebrütet. In der heutigen Zeit können wir derartige Schilderungen kaum ernst nehmen, und das Hahn-Schlangen-Tier erinnert uns an ein Monster aus einem Videospiel oder einer Fantasy-Serie. Dass ein solches Tier gar in der Bibel beheimatet sein soll, wirkt geradezu grotesk.

Der Basilisk in der Bibel

Und tatsächlich: Wer sich in den biblischen Schriften auf die Suche nach einer »Schlange mit Hahnenkopf« macht, wird zunächst einmal frustriert. Liest man die griechische – oder auch die spätere lateinische – Übersetzung der Bibel aber genauer, stößt man im Alten Testament doch immer wieder auf einen *basilískos* – bzw. *basiliscus* –, und auch von einem *regulus* (auf Latein ebenfalls »kleiner König«) ist die Rede. Die Basis für diese Übersetzungen bilden unterschiedliche hebräische Begriffe. Diese bezeichnen im Großen und Ganzen verschiedene Schlangenarten wie die Kobra, eine Uräusschlange oder ganz allgemein eine giftige Sandviper. Deutlich häufiger als in den alten Übersetzungen trifft man den Basilisken Jahrhunderte später in der ursprünglichen Fassung der deutschen Bibel, die Martin Luther im Jahr 1545 veröffentlichte. Ähnlich wie das Einhorn ist der Basilisk allerding der Überarbeitung aus dem Jahr 1984 zum Opfer gefallen und gehört nun nicht mehr zum Zoo der modernen Luther-Bibel. An seine Stelle sind die »Schlange«, die »Natter« oder die »Otter« getreten.

An jenen Stellen jedenfalls, wo man in den griechischen bzw. lateinischen Bibelübersetzungen auf den Basilisken trifft, wird primär seine Gefährlichkeit beschrieben, nicht aber sein Aussehen oder sein Ursprung: Ein Basilisk kann beißen (Jer 8,17) und Gift spritzen (Spr 23,32). Die Bedrohung, die von ihm ausgeht, macht sich aber auch dadurch sichtbar, dass er in Psalm 91 in einem Satz mit Löwen und Meeresungeheuern genannt wird. Er symbolisiert schließlich die Gottesferne und wird deshalb gerne als Sinnbild für Frevler und Gottlose gebraucht. Diese nämlich, so heißt es in Jesaja 59,9, seien wie Menschen, die »Basiliskeneier brüten«.

Der Basilisk in der späteren theologischen Reflexion

Ausgehend von Texten wie diesem galt der Basilisk in den ersten Jahrhunderten nach Christus vielen Theologen als Allegorie für Ungerechtigkeit, Lüge und Bosheit.

Der heilige Augustinus sah in ihm gar das Symbol des Todes, der Sünde oder auch des Teufels. Und Hieronymus identifizierte den »fliegenden Basilisken«, den er in der von ihm bevorzugten lateinischen Fassung der Bibel in Jes 30,6 vorfand, gar mit dem Drachen der Apokalypse und in der Folge mit dem Antichristen, der schlussendlich aber von Jesus bzw. von der Kirche besiegt werden wird. Dass der Antichrist in der Bibel ebenfalls nicht vorkommt, war für ihn kein großes Problem.

Martin Luther dagegen, dessen Bibel-Übersetzung der Basilisk – wie wir schon gesehen haben – seine prominente Rolle in der deutschen Neuzeit verdankte, ging mit der Tradition sehr eigenständig um und schlug eine radikal neue Interpretation des vermeintlich biblischen Tieres vor: In seiner Polemik gegen den Papst verglich Luther ausgerechnet die Lehre der katholischen Kirche mit dem giftigen und bösartigen Basilisken. Im Kampf um eine Reformierung der Kirche, im Kampf gegen seinen persönlichen Basilisken also, musste sich Luther allerdings geschlagen geben und es blieb ihm nur die Option, eine neue Kirche ohne Papsttum zu gründen. Insofern bewahrheitete sich in gewisser Weise seine Allegorie, denn ähnlich wie der Basilisk – den Erzählungen nach – von keinem Menschen getötet werden konnte, ist auch Luther im Kampf gegen das Papsttum gescheitert.

Das Bezwingen des Basilisken taucht übrigens seit dem Altertum immer wieder als wichtiges kulturgeschichtliches Motiv auf. Die antiken griechischen und römischen Quellen etwa sprechen davon, dass nur ein Wiesel den Basilisken vernichten könne. Im Mittelalter dagegen setzte man mehr auf den Hahnenschrei als Abschreckungsmaßnahme oder auf die Jungfrau Maria als mögliche Bezwingerin des Tieres. Ähnlich wie die Medusa, eine Gestalt der griechischen Mythologie, mordet der Basilisk nämlich allein mit seinem Blick und kann daher – wie im »Hexenhammer« ausführlich beschrieben wird – überraschend einfach mithilfe eines Spiegels getötet werden, indem er ja seinem eigenen Blick begegnet. Da der Spiegel in der christlichen Tradition auch als Metapher für Maria diente – wurde Maria doch als *speculum sine macula* (Spiegel ohne Fleck) oder als *speculum iustitiae* (Spiegel der Gerechtigkeit) gesehen –, sprach man der Gottesmutter gewissermaßen als Superkraft auch die Macht zu, das gefährliche Tier durch einfache Spiegelung zu vernichten. Recht gute Erfolgsaussichten im Basilisken-Kampf wurden auch Jesus und dem Erzengel Michael zugesprochen, denn auf beide hatte dessen Gift keine Wirkung.

* * *

Das endgültige Schicksal des Basilisken muss aber nicht sein Tod sein. Vielmehr scheint es, als ob in der uns allen bevorstehenden messianischen Zeit, wie sie im elften Kapitel des Jesaja-Buches beschrieben wird, auch dieses bösartige Tier ganz selbstverständlich Teil der eschatologischen Friedenswelt sein könnte. In dieser künftigen Welt, in der die ganze Natur im Einklang – auch mit dem Menschen – sein wird, steht selbst dem Basilisken, zumindest nach der lateinischen und der ursprünglichen deutschen Lutherübersetzung, ein glücklicher Ausgang bevor. »Ein spielendes Kind wird

[dann] ohne Gefahr seine Hand in das Loch des Basilisken« stecken (Jes 11,8) und nichts Schlimmes wird geschehen. Vor dem endzeitlichen Angesicht Gottes nämlich wird das schreckliche Monstertier sich als zahm erweisen.

5.

Der teuflische Ziegenbock

Anders als man es vielleicht erwarten würde, tritt der Teufel in der Bibel nur sehr selten auf, sein Aussehen wird in der Heiligen Schrift nicht eindeutig beschrieben. Das hat mit einem grundsätzlichen Problem zu tun, das die jüdischen und christlichen Gelehrten mit dem Teufel hatten: Vor dem Hintergrund des Glaubens an den einen Gott, durfte es – anders als in der Welt der Polytheisten – kein böses Wesen als (göttlichen) Gegenspieler geben. Eine solche Verkörperung des Bösen außerhalb der Sphäre des einen Gottes hätte nämlich den Monotheismus relativiert.

Darum stellte man sich den Teufel wie auch die Engel und andere himmlische Gestalten irgendwie menschenähnlich vor. Der Teufel, das war – so meinte man – ein Engel, oder zumindest, wie am Beginn des Ijob-Buches beschrieben wird, als ein Mitglied im göttlichen Himmelsrat.

In manchen jüdischen Traditionen, die später vom Christentum übernommen wurden, hielt man fest, dass der Teufel sogar der Schönste aller Engel gewesen sei – Luzifer, der Lichtträger, der irgendwann dann aber den Fehler beging, gegen Gott aufzubegehren. Deshalb wurde er aus dem Himmel verbannt und auf die Erde hinuntergestoßen.

Teuflische Tiere

Nun ist es nicht einfach, sich die Verkörperung des Bösen als eine Figur vorzustellen, die hübsch anzuschauen ist. Im Lauf der Zeit entwickelte sich daher immer mehr die Vorstellung, dass der Teufel hässlich sein müsse, und die ihm anfangs zugeschriebenen menschlichen Merkmale wurden ständig weniger. Zu einem körperlosen Wesen konnte der Teufel aber auch nicht werden. Eine reine Geistgestalt wäre kaum geeignet, bei den Menschen Angst und Schrecken zu verbreiten.

Vielleicht, um diesen pädagogischen Effekt zu erhalten, begann man also, den Teufel mit dem Aussehen und den Eigenschaften wilder, gefährlicher, sonderbarer und abnormer Tiere auszustatten, wobei diese gerne auch besonders hässlich sein durften. Dies hatte im Mittelalter und in der der frühen Neuzeit einen eigenartigen Effekt: Immer häufiger fanden nämlich Teufelsprozesse statt, bei denen teuflische bzw. vom Teufel besessene Tiere vor Gericht standen. Neben Wölfen, Hunden, Katzen, Ziegen, Eulen und Schweinen hatten gelegentlich sogar Mäuse, Spatzen oder sogar Holzwürmer die zweifelhafte Ehre, auf der Anklagebank zu landen. So hatten im Jahr 1520 im französischen Dorf Mamirolle Holzwürmer die Beine des Bischofsstuhls derart angeknabbert, dass er unter dem Gewicht des Geistlichen zusammengebrochen war. Weil der Bischof nach dem Sturz schwer mitgenommen war und keine vernünftige Predigt mehr halten konnte, meinten die Gläubigen, dass der Teufel beim Unfall seine Finger im Spiel gehabt haben musste. Was war da naheliegender, als anzunehmen, dass er in Gestalt der Holzwürmer aktiv geworden war?

Eine Schar Spatzen wurde Teufelskraft zugesprochen, weil sie mehrere Tage lang mit lautem Zwitschern das Gebet einer Gruppe von Mönchen nachhaltig gestört hatten. Außerdem hatten sie die schwarzen Kutten der frommen Herren mit Kot beschmutzt, als diese sie zu vertreiben versuchten. Eine klare Sache: Der Teufel war in die Spatzen gefahren. Ähnlich eindeutig waren die Urteile in Bezug auf Mäuse: Sie galten als bevorzugtes Werkzeug des Bösen, waren ihre Raubzüge durch die gut gefüllten Vorratskammern von Klöstern und Kirchen doch ohne Zweifel ein teuflisches Treiben. Einmal der Liaison mit dem Teufel überführt, erging es den Tieren so, wie den menschlichen Zauberern und Hexen: Konnte man die Holzwürmer, Spatzen und Mäuse dingfest machen, wurden sie selbstverständlich exkommuniziert, getötet und verbrannt.

Die Vorstellung, dass sich der Teufel als Tier tarnen könne, steht auf dem Boden einer schon lange vor dem Mittelalter in der Kirche lebendigen Tradition, Tiergestalten symbolisch aufzuladen. Meistens waren diese Gestalten dann aber positiv besetzt. So wurde Jesus beispielsweise gerne als Lamm dargestellt, der Evangelist Lukas wurde mit einem Stier, Markus mit einem Löwen und Johannes mit einem Adler identifiziert. Pfau und Phönix standen für die Unsterblichkeit der Seele, der Hahn für die Tugend der Aufmerksamkeit gegenüber den Versuchungen der Sünde, und die Taube schließlich schaffte es – als dritte Person der Trinität – sogar bis zur Vergöttlichung.

Von dieser Tradition her war der Schritt zur Gleichsetzung von Tieren mit negativen Eigenschaften und Aussehen dann nur noch ein kleiner. Schnecke und Schildkröte etwa galten rasch als Sinnbild für Gleichgültigkeit, Schwein und Hyäne verkörperten Lüsternheit und Völlerei. In einer Zeit, in der der Hass auf Andersgläubige alltäglich war, wurden Juden zu Säuen, Eseln oder Eulen, Muslime zu Skorpionen oder Straußenvögeln. Wenn man dem Teufel eine konkrete Gestalt geben wollte, stand einem ein diabolischer Zoo zur Auswahl.

Wie der Teufel zum Tier wurde

Als Inspiration für tierische Symbolisierungen des Teufels taugten die biblischen Texte allerdings nur bedingt. Eine brauchbare Anregung lieferte eigentlich nur die Offenbarung des Johannes, wo der Teufel mit einem Drachen gleichgesetzt wird und dieser wiederum mit der »alten Schlange« (Offb 12,9). Da man Drachen im Alltag nicht allzu häufig antraf, behalf man sich damit, den Teufel als Schlange zu beschreiben. Das passte auch insofern gut, weil es ja ausgerechnet die Schlange war, die Eva im Garten zum Bösen verführt hatte. Bereits in manchen rabbinischen Werken wie dem »Leben von Adam und Eva« oder der »Apokalypse des Mose« aus den ersten beiden nachchristlichen Jahrhunderten wird der Teufel mit der Schlange identifiziert.

Die christliche Tradition übernahm diese Gleichsetzung gerne, obwohl sie schon im Judentum nicht unwidersprochen blieb. Im »Pirke de-Rabbi Elieser«, den Aussprüchen des Rabbiner Eleazar – einem jüdischen Kommentar aus dem 8. Jahrhundert –, wird nämlich eine andere Meinung vertreten. »[Die Schlange] war nach ihrem Aussehen dem eines Kamels ähnlich«, liest man dort. Sie hatte also zwei Höcker, vier Beine und war ganz behaart. Außerdem soll es sich bei ihr nicht um den Teufel selbst gehandelt haben, der in diesem

Werk den Eigennamen Samael trägt und als »Fürst des Himmels« beschrieben wird, sondern lediglich um sein Reittier.

Neben Schlange und Kamel wird häufig ein anderes Tier mit dem Teufel in Verbindung gebracht: der Ziegenbock. Im Mittelalter sollte der Teufel mit dem gehörnten Kopf eines Ziegenbocks sogar zur Standard-Ikone werden. Verantwortlich dafür ist vor allem die bildhafte Beschreibung vom Tag des Jüngsten Gerichts im Matthäusevangelium. Es heißt in Mt 25,33, dass an diesem Tag der Menschensohn komme wie ein Hirte und »die Schafe zu seiner Rechten«, die »Ziegenböcke aber zur Linken« stellen werde. In weiteren Textverlauf wird dann klar, dass die Schafe für die guten und gläubigen Menschen stehen, die gerettet werden, während die Böcke die bösen und gottlosen repräsentieren, die dem Teufel zum Opfer fallen werden. Die Autoren des Matthäusevangeliums bedienen sich bei dieser Darstellung eines bekannten Bildes, nämlich der großen Gerichtsszene aus dem Ezechielbuch (Ez 34,17).

Es handelt sich um eine Vorstellung, die allerdings in der ursprünglichen landwirtschaftlich-bäuerlich geprägten Kultur, in der diese Texte entstanden, problematisch war: Schafe und Ziegen waren damals beide wichtige Nutztiere der Menschen. Als Milch-, Woll- und – viel seltener – auch als Fell- und Fleischlieferanten bildeten sie die Hauptgrundlage für die weitgehend halbnomadische Weidewirtschaft der damaligen Zeit. Widder und Ziegenböcke waren zudem beliebte Opfertiere und folglich privilegierte Mittel, wollte man mit einer höheren Macht in Kontakt treten. Das im Alten Orient übliche ikonografische Motiv eines der Gottheit opfernden Gläubigen mit einem Schaf oder einem Lamm über den Schultern – welches in christlichen Kreisen später gerne mit dem »Guten Hirten« verwechselt werden sollte – zeigt ebenfalls den hohen Stellenwert dieser Tiere. Ziege und Schaf waren darum in der altorientalischen Welt diejenigen Tiere, die unseren heutigen Haustieren am nächsten kamen. Die hebräische Sprache unterscheidet sogar gar nicht zwischen beiden Gattungen und verfügt nur über ein Wort, welches das Kleinvieh insgesamt, also Schafe und Ziegen gemeinsam, bezeichnet.

Warum dann Jesus im Matthäusevangelium zwischen Schafen und Ziegen einen Unterschied macht und vor allem, warum die Ziegen, welche bis dahin gemeinsam mit den Schafen als unschuldige Opfer der wilden Wölfe galten, plötzlich auf der Seite des Bösen stehen, ist vor diesem Hintergrund nicht gut zu begreifen. Eine Erklärung könnte sein, dass die Autoren des Matthäusevangeliums das von Ezechiel entlehnte Bild falsch wiedergegeben haben. Denn dem Propheten aus dem Alten Testament ging es wahrscheinlich um den Gegensatz zwischen fetten und dünnen Tieren und nicht um eine Unterscheidung zwischen Ziegen und Schafen.

Eine einzige teuflische Ziege

Klarer ist die Sache im Buch Levitikus, wo im 16. Kapitel der große Versöhnungstag, der jüdische Jom Kippur, beschrieben wird. Bei diesem kultischen Ritual wird ein besonderer Ziegenbock, für den es im

Hebräischen sogar ein eigenes Wort gibt, symbolisch mit allen Sünden des Volkes beladen und zu einem Dämon namens Asasel in die Wüste geschickt. Aus dem Ziegen-Aussonderungsritual entwickelte sich später einerseits die Gestalt des »Sündenbocks«, andererseits die Vorstellung, dass der Ziegenbock eine besondere Affinität zum Teufel oder zumindest zu den Dämonen haben müsse.

Diese teuflische Seite wurde den Ziegen allerdings erst spät zugeschrieben. Noch für den großen christlichen Gelehrten Origenes im 3. Jahrhundert waren sie durchaus positive Tiere. Origenes war der Meinung, dass Ziegen nicht nur sehr gut sehen könnten, sondern auch, dass das Trinken ihrer Milch die Sehkraft des Menschen stärke. Mehr noch: Er verglich die Ziegenmilch sogar mit dem Blut Jesu, von dem man meinte, dass es die spirituelle Wahrnehmungsfähigkeit der Menschen erhöhe. Mit seiner positiven Meinung über die Ziegen war der Theologe nicht allein. Während des gesamten Mittelalters waren Ziegen sogar beliebter als die Schafe. Die wachen und intelligenten Tiere wurden auf vielen Fresken abgebildet, wie sie interessiert die Verkündigung an Maria beobachten, während die Schafe im Hintergrund teilnahmslos und mit eher dümmlichem Blick weiter grasen.

Erst mit dem Beginn der Neuzeit startet die Karriere der Ziege bzw. des Ziegenbocks als teuflisches Tier. Wohl als Reaktion auf die verheerenden Pest-Epidemien in Europa hatten die Menschen ein wachsendes Bedürfnis nach sehr konkreten Bildern vom Teufel. In Ermangelung brauchbarer biblischer Vorbilder wandte man sich der römischen und griechischen Mythologie zu und wurde fündig. Zu einem beliebten Modell für den Teufel wurde in der Folge der griechische Hirtengott Pan, dargestellt mit Hörnern wie ein Bock und mit behaarten Ziegenbeinen. Die Erinnerung an die Beschreibung des Jüngsten Gerichts im Matthäusevangeliums tat dann das Übrige und aus der haarigen Ziege – auf Hebräisch bedeutet *sa'ir* (Ziege) »haarig« – wurde schließlich ein behaarter Teufel.

Mit dem Einsetzen der Hexenverfolgungen war der Ziegenbock aus der Metaphorik des Bösen dann endgültig nicht mehr wegzudenken. Der Bruch zur biblischen und auch zur frühen christlichen Tradition störte dabei keinen. Ohnehin las man zu dieser Zeit kaum noch in der Bibel, sondern vielmehr im *Malleus Malleficarum*, dem Hexenhammer, dem Bestseller aus dem Jahre 1486, der in aller Ausführlichkeit darlegt, welche Eigenschaften Hexen haben, und wie sie zu entdecken, zu befragen und zu beseitigen sind. Dort begegnet der Ziegenbock – und zwar am besten ein schwarzes Exemplar – als Verkörperung des Teufels schlechthin. Auch ist bei jeder Beschreibung eines Hexen-Sabbath der Satan in seiner Ziegenbockgestalt anwesend. Ganz allgemein wurde aus der Ziege – die in der griechischen Mythologie noch die Göttin Aphrodite getragen hatte – das Reittier der Hexen. Und da Hexen sich dank ihrer teuflischen Kräfte auch in Tiere zu verwandeln verstanden, konnte man in der Gestalt einer Ziege durchaus auch einer Hexe begegnen, selbst wenn diese im Allgemeinen die Katzengestalt bevorzugten.

* * *

Als beliebtes Haus- und Opfertier war die Ziege in der Kulturwelt der Bibel weitgehend positiv besetzt, ja, sie galt sogar als ein Zeichen für besonderen Segen. Nur ein einziges Mal wird in der Bibel ein Ziegenbock mit einem Dämon in Verbindung gebracht. Das war aber genug, um die Fantasie der Menschen derart zu entfachen, dass die Ikonographie des Teufels und der Dämonen einige Jahrhunderte später nicht mehr ohne Ziegenbock-Merkmale auskommen konnte.

6.

Wenn Schlange, Eselin, Adler und Blutegel sprechen

Die moderne Evolutionsbiologie kennt zwei gegensätzliche Theorien im Hinblick auf die Entstehung der Sprache: Die Kontinuitätsthese interpretiert die Sprachentstehung als Ergebnis einer geradlinig verlaufenden Evolution, die vor etwa 1,5 Millionen Jahren mit den ersten Lauten des *homo erectus* begann und vor knapp 300.000 Jahren mit dem Auftreten des *homo sapiens* zu Ende ging. Die Diskontinuitätsthese dagegen meint, dass es im Tierreich keinen Ansatz für die Entwicklung der menschlichen Sprache gebe und diese sich darum als Sonderfall der Evolution ausgebildet habe.

Tiere kommunizieren, aber sprechen sie auch?

Beide Positionen stimmen allerdings dahingehend überein, dass Tiere kommunizieren können und dies teilweise sogar erfolgreicher als manche Menschen tun. Das haben möglicherweise auch die Menschen erkannt: Von der Antike bis in die Gegenwart wurden Tiere nicht nur als Götter, Geister und Dämonen gesehen, sondern auch als Gefährten des Menschen. Als solche hatten sie menschliche Eigenschaften und konnten eben auch sprechen. Die Sagen, Mythen, Fabeln, Legenden, Märchen und Epen der Antike sind daher voll von sprechenden Tieren, die zufällig immer genau die Sprache beherrschen, in der die Texte verfasst sind. In der Fabelsammlung »Pantschatantra« ist das Altindisch, bei Äsop und Aristophanes Griechisch, bei Phaedrus Latein. Im Alten Testament kommunizieren die Tiere auf Hebräisch, gut 2.000 Jahre später spricht der Maikäfer bei Jean de La Fontaine Französisch, ebenso wie der Fuchs mit dem kleinen Prinzen bei Antoine de Saint-Exupéry. Die Schweine auf der Farm George Orwells unterhalten sich in einem gehobenen Englisch, während die weibliche Ratte bei Günther Grass einen sehr charmanten ostpreußischen Akzent besitzt.

Der erste Autor, der die Tiere durchgehend sprechen ließ, war wahrscheinlich der Grieche Äsop (um 580 v. Chr.). Doch schon zuvor gab es bei Hesiod (um 700 v. Chr.) eine Nachtigall und einen Habicht bzw. beim Dichter Archilochos (um 650 v. Chr.) einen Adler und einen Fuchs, die der menschlichen Sprache mächtig waren. Und auch Herodot (ca. 485-425 v. Chr.), der erste »Historiker« der Menschheitsgeschichte, berichtete von einem Fisch, der tanzte und sang. Aristoteles war dann die Spaßbremse und wies darauf hin, dass Erzählungen mit sprechenden Tieren keine historischen Darstellungen seien, sondern Gleichnisse oder Fabeln.

Das erste sprechende Tier der Bibel: die Schlange

Auch die Bibel kennt einige sprechende Tiere, und eines von ihnen hat eine steile Karriere hingelegt. Die Schlange ist zum Sinnbild des Bösen, der List, ja, sogar des Teufels geworden. Völlig unvermittelt tritt sie am Beginn des dritten Kapitels der Bibel im Buch Genesis auf den Plan und wendet sich ebenso zutraulich wie gesprächig dem ersten Menschenpaar zu, das sich bis dato in aller Unschuld des herrlichen Lebens im Paradies erfreute.

Im hebräischen Original wird die Schlange als listig beschrieben. Sie wendet sich direkt an die Frau, welche zwar als zweite erschaffen wurde, in der Szene mit der

Schlange aber plötzlich zur Hauptperson wird. Leider jedoch nicht als ruhmreiche Heldin, sondern als Schlüsselfigur in der sogenannten »Sündenfall-Erzählung«. Die Frau hat bis zu diesem Zeitpunkt in der Geschichte weder mit ihrem Mann noch mit Gott ein einziges Wort gewechselt, lässt sich aber, als wäre das die normalste Sache der Welt, bereitwillig auf ein Gespräch mit dem Tier ein. Dieses zerstört mit seinen Fragen die ursprüngliche Harmonie der Schöpfung, unterstellt Gott, ein Lügner zu sein und böswillige Absichten zu hegen. Die Frau lässt sich von der Schlange verführen, isst von der verbotenen Frucht und gibt auch ihrem Mann davon.

Der Umstand, dass die Schlange nur mit der Frau spricht, veranlasste viele männliche Interpreten dieser Geschichte zu der Deutung, dass das weibliche Geschlecht aufgrund einer körperlichen und seelischen Schwäche für die Sünde empfänglicher sei. Um die Sprachbegabung der Schlange zu erklären, vermuteten die Rabbiner wie auch die Christen einen Bund mit dem Teufel, ohne sich groß darum zu scheren, dass dieser, als der Mythos erstand, noch gar nicht erfunden war. Der heilige Augustinus behauptet sogar, der als Schlange auftretende Teufel hätte sich an den Mann erst gar nicht herangewagt. Alles in allem wurde der Dialog zwischen Schlange und Frau in der Tradition als eindeutiger Beweis für die Lasterhaftigkeit und Verführbarkeit des weiblichen Geschlechts verstanden.

Heute vertreten einige Theologinnen die genau entgegengesetzte Meinung: Da die (biblische) Frau über mehr Sensibilität und Intelligenz verfügte habe als der Mann, habe sich die Schlange an Eva und nicht an Adam gewandt, der höchstwahrscheinlich nicht einmal verstanden hätte, warum es reizvoll sein könnte, vom Baum der Erkenntnis zu kosten.

So oder so hat die Schlange Erfolg: Eva isst, Gott wird zornig, bestraft sein erstes Menschenpaar und mit ihm die Schlange. Die wird in Zukunft auf dem Bauch kriechen und Staub fressen. Außerdem verstummt sie. In keinem weiteren biblischen Text spricht sie auch nur ein Wort.

Die sprechende Eselin

Die Schlange ist aber keineswegs das einzig sprechende Tier der Bibel. In der Zeit, da die Israeliten nach ihrer erfolgreichen Flucht aus Ägypten in Richtung des gelobten Landes zogen, lebte in Petor am Euphrat ein Seher namens Bileam. Seine magischen Fähigkeiten waren hochgeschätzt und selbst mächtige Herrscher kamen zu ihm, um seine Hilfe zu erbitten. So auch Balak, der König von Moab, einem kleinen Staat, der es trotz seiner militärischen Schwäche – Archäologen fanden im Gebiet von Moab keine einzige befestigte Stadt – geschafft hatte, sich eine gewisse Unabhängigkeit und wirtschaftliche Freiheit zu erhalten. Balak wollte, dass das so bleibt, und bat darum Bileam, Israel zu verfluchen, damit ihm die herannahenden Hebräer nicht gefährlich werden konnten. Der Fluch eines Magiers ist aus heutiger Sicht bestenfalls in der Welt Harry Potters ein zielführendes Mittel der Kriegsführung. Im Alten Orient jedoch waren Verwünschungen durch Zauberer, die angesehen waren und für mächtig gehalten wurden, derart gefürchtet, dass die verfluchten Menschen gewissermaßen als Tote angesehen wurden.

Bileam macht sich also mit einer Eselin auf den Weg, um Israel zu verfluchen. Angesichts des drohenden Unheils muss Gott selbst eingreifen, um sein Volk zu retten. Er sendet daher einen Engel, der sich Bileam und seiner Eselin mit gezogenem Schwert in den Weg stellt, bereit, den Magier ins Jenseits zu befördern. Anders als ihr wenig aufmerksamer Herr bemerkt die Eselin den Todesengel und bleibt unvermittelt störrisch stehen. Bileam ist zornig und schlägt das Tier, um es wieder in Bewegung zu bringen. Diese Eselin weicht dem Todesengel aus und so kann Bileam seinen Ritt zunächst fortsetzen, bis der Engel ein zweites und dann sogar ein drittes Mal auftaucht. Jedes Mal entwischt die Eselin, rettet ihrem Herrn das Leben und wird dafür mit Prügeln »belohnt«.

Die Ironie der Geschichte ist unübersehbar. Der große Seher Bileam, kraft dessen Wort ein ganzes Volk verflucht und in den Untergang getrieben werden soll, ist nicht einmal in der Lage, einen offensichtlich im Weg stehenden Engel wahrzunehmen, der sogar der unbedarften Eselin aufgefallen ist. Die Pointe der Erzählung ist damit aber noch nicht erreicht. Nachdem Bileam seine Eselin zum dritten Mal mit dem Stock geschlagen hat, geschieht etwas Unerwartetes: Die Eselin beginnt zu sprechen. »Was habe ich dir angetan, dass du mich schlägst?«, fragt sie. So wie im Fall von Eva und der Schlange findet es auch Bileam irgendwie normal, sich mit einem Tier zu unterhalten. Im folgenden Dialog gibt er zwar nicht zu, dass er sie schlecht behandelt hat, durch die abschließenden Worte des Engels jedoch wird die Eselin gelobt und Bileam getadelt. Dass Bileam kein besonderer Tierfreund war, zeigt dann auch die

Fortsetzung der Geschichte, in der man erfährt, dass er auf sieben Altären sieben Widder und sieben Stiere opfern lässt.

Erstaunlich ist an der Erzählung von der sprechenden Eselin aber vor allem, dass man heute dank einer sehr alten in Tell Deir Alla, im heutigen Jordanien, gefundenen Inschrift weiß, dass zur damaligen Zeit mehrere Völker an die divinatorischen Fähigkeiten eines Sehers namens Bileam glaubten und von seinen Diensten Gebrauch machten. Bileam dürfte also weder eine Erfindung der biblischen Autoren noch ein Scharlatan gewesen sein, sondern ein real existierender, sehr feinfühliger Mensch, der tatsächlich über eine Art sechsten Sinn verfügt haben mag, einen Draht zum Göttlichen oder wie auch immer man die Begabung, Übernatürliches wahrzunehmen, nennen will. Die Geschichte dürfte folglich, auch wenn die Eselin wohl eher nicht mit Bileam gesprochen haben wird, einen historischen Kern haben.

Noch mehr sprechende Tiere

Schlange und Eselin sind wohl die bekanntesten sprechenden Tiere der Bibel. Im letzten Buch des Neuen Testaments, der Offenbarung des Johannes, in dem ohnehin alle möglichen sonderbaren Wesen auftauchen, bekommen sie aber Konkurrenz. Der Seher, der die in der Apokalypse beschriebenen Visionen empfängt, beschreibt dort sehr ausführlich, wie sieben Engel nacheinander in ihre Posaunen blasen. Nach jedem Trompetenstoß wird ein schreckliches Ereignis verkündet, das als Gericht gegen die Welt zu verstehen ist. Kurz bevor die fünfte Posaune ertönt, fliegt ein – so viel sei schon verraten – sprechender Adler vorbei.

In den heutigen Übersetzungen des Alten Testaments ist der Adler der am häufigsten genannte »Vogel des Himmels«. Das hebräische Wort, das meistens mit »Adler« wiedergegeben wird, meint jedoch eher den Geier. Der Adler war im altorientalischen Raum nämlich nicht heimisch, wurde vor allem aber weit weniger geachtet und bewundert als später bei den Griechen und Römern. Geier galten hingegen als Begleiter der Götter – am häufigsten übrigens der Mutter- und Fruchtbarkeitsgöttin – und hatten eine schützende Funktion, selbst wenn sie deswegen, weil sie sich von Aas ernähren, als unreine Tiere galten. Genau diese Schutzfunktion erfüllt dann auch der sprechende Vogel in Offb 8,13, bei dem es sich allerdings explizit um einen Adler handelt. Er fliegt hoch oben am Himmel und versucht, die Menschen vor dem zu warnen, was durch das bevorstehende Gericht geschehen wird. Sein Spruch beginnt mit einem dreifachen *»ouaì, ouaì, ouaì«*, was auf Griechisch Ausdruck von Schmerz, Elend und Unheil ist und laut ausgesprochen, onomatopoetisch also, stark an den Schrei eines Adlers erinnert. Was bzw. ob dieses Schreien etwas bewirkte, erzählt der biblische Text allerdings nicht.

Das letzte sprechende Tier der biblischen Schriften ist leider gänzlich unbekannt. Die *'aluqah* kommt in der Bibel nur ein einziges Mal vor und fand auch in der Bibelrezeption der folgenden Jahrhunderte keine Beachtung. Seinen kurzen und weitgehend unbemerkten Auftritt jedenfalls hat das Tier im Buch der Sprüche (30,15), wo berichtet wird, dass es mit seinen beiden

Töchtern spazieren geht und dabei ruft: »*Hab, hab!*«, was so viel bedeutet wie: »Gib her, gib her!« Die Rede ist an dieser Stelle von einem Blutegel oder besser von einer ganzen Familie von Blutegeln. Damit darf sich die Bibel auch über eine Besonderheit im Panorama der Weltliteratur von sprechenden Tieren freuen, nämlich über ein wirbelloses Tier, das sprachbegabt ist.

* * *

Reptilien, Säugetiere, Vögel und auch Würmer sprechen in der Bibel. Blutegel und Adler drücken sich eher knapp aus, Schlange und Eselin dagegen führen zum Teil komplexe Unterhaltungen, die schwerwiegende Folgen haben. In allen vier Fällen verkörpern die Tiere menschliche Eigenschaften. Insofern arbeiten die biblischen Autoren sehr ähnlich wie Äsop oder La Fontaine: Sie lassen zwar Tiere sprechen, die Botschaft, die diese vermitteln, ist aber eine von Menschen an Menschen.

B.

Tiere, die in der Bibel vorkommen sollten, es aber nicht tun

Dass sich in den biblischen Texten Drachen und Einhörner tummeln, mag für Menschen, die heute die Bibel lesen, eine Überraschung sein. Viel verwunderlicher ist es aber, dass von Tieren, die wir selbstverständlich erwarten könnten und erwarten würden, weil sie auch in biblischer Zeit in der Umwelt der Menschen vorkamen, nichts erzählt wird.

Das trifft z.B. auf die Katze zu. In einer ruralen Gesellschaft, in der vor allem Getreide angebaut und in Kornspeichern aufbewahrt wurde, waren Mäuse und Ratten gefürchtete Schädlinge. Da sollten Katzen nicht fehlen.

Ähnliches gilt für den aus unserem Leben heute kaum wegzudenkenden Hund. Wölfe und Schakale, die in den wüstenartigen Regionen um Jerusalem heimisch waren, werden immer wieder erwähnt, der Hund als (treues) Haustier fehlt aber komplett. Pferde treten fast durchgehend nur als gefährliche Waffen in Erscheinung.

Die drei wichtigsten fehlenden Tiere sind aber der Wal, der den Propheten Jona verschlungen haben soll, sowie Ochs und Esel, die heute selbstverständlich zu jeder Weihnachtskrippe dazugehören.

7.

Wer fing die Mäuse beim Volk Israel?

Die Beziehung zwischen Israel und Ägypten war schon in biblischen Zeiten durchaus angespannt und das ganz ohne Sechs-Tage-Krieg und Suez-Kanal-Krise. Auch wenn Abraham und Isaak immer wieder im Land der Pharaonen Zuflucht suchten und Hilfe fanden, wenn in der Heimat Hungersnöte tobten, und auch wenn Jakob, ohne groß zu zögern, seine Heimat verließ, um mit seiner ganzen Familie nach Ägypten überzusiedeln: Das Land der Pyramiden verkörpert im Buch Exodus, in dem der Gründungsmythos Israels erzählt wird, die bösartige Macht par excellence. Denn der Pharao lässt – folgt man der Erzählung – alle männlichen Kinder der Hebräer töten und ist damit – zumindest in der Literatur – für den ersten Pogrom der Geschichte verantwortlich.

Israel und Ägypten

Trotzdem lässt sich auch die Nähe zwischen Israel und Ägypten nicht leugnen. Streng genommen könnte man, dem biblischen Texten folgend, sogar behaupten, das Volk Israel sei in Ägypten entstanden. Denn zu dem Zeitpunkt, da der bedeutendste aller israelitischen Führer, Mose, der selbst als Ägypter aufgewachsen ist, Israel aus der Sklaverei befreit und vierzig Jahre lang durch die Wüste führt, zählt das Volk der Bibel zufolge 600.000 Männer (Ex 12,37). Ein paar Jahrhunderte zuvor war der Familienclan des Erzvaters Jakob aber mit weniger als hundert Menschen im Land der Pharaonen angekommen.

Es ist wahrscheinlich auch kein Zufall, dass die Entstehung des jüdischen Monotheismus, des Glaubens an den einen Gott, mit Mose und dem Exodus in Verbindung gebracht wird. Folgt man der Chronologie der Bibel, dann hat Mose seine Botschaft von dem einen Gott, der das Volk Israel aus Ägypten herausführen will, im dreizehnten vorchristlichen Jahrhundert verkündet. Religionsgeschichtlich kann man diese Botschaft als eine Weiterentwicklung der ersten Ein-Gott-Religion der Weltgeschichte interpretieren. Diese entstand im 14. Jahrhundert unter dem Pharao Echnaton, der die Entscheidung traf, den Sonnengott Aton zum alleinigen Gott über Ägypten zu erheben. Und später in Zeiten, in denen das Volk Israel von den Assyrern, den Babyloniern, den Persern oder den Griechen beherrscht wurde, gab es in Jerusalem stets Gruppierungen mit pro-ägyptischen Einstellungen, ja, nach dem Tod Alexanders des Großen war Judäa zeitweise sogar Teil des ägyptischen Reiches. Im ägyptischen Alexandrien schließlich entstand die größte jüdische Gemeinde außerhalb Jerusalems, und in dieser ägyptischen Stadt, die über die größte Bibliothek der Antike verfügte, wurde die Hebräische Bibel zum ersten Mal ins Griechische übersetzt.

Insofern braucht es nicht zu überraschen, dass die ägyptische Kulturwelt in den biblischen Texten eine wichtige Rolle spielt. Pharaonen, Bauwerke von gewaltiger Größe, Wettstreite zwischen Magiern und ägyptischen Gottheiten, ägyptische Orakel, Traumdeutung und die Technik des Balsamierens begegnen im Alten Testament häufig und mit großer Selbstverständlichkeit. Auch Szenen aus dem ägyptischen Familienleben kommen immer wieder vor. Israel übernimmt von Ägypten die Technik zur Balsam- und zur Schlammziegel-Herstellung, in kultureller wie in wirtschaftlicher

Hinsicht wurde ein reger Austausch mit dem Land am Nil gepflegt. Nicht zuletzt hatten beide Völker dasselbe Grundnahrungsmittel, nämlich das Getreide.

Von Mäusen und Katzen

In der Bibel wie in den ägyptischen Papyri ist daher auch vom großen Feind von Weizen, Gerste und Hirse die Rede: von der Maus. Sie zählte nicht nur zu den unreinen, also nicht essbaren Tieren (Lev 11,29; Jes 66,17), sondern wurde auch als Schädling und – wenn Mäuse massenhaft auftraten – als Plage angesehen (1 Sam 6,5). Bereits damals wusste man, dass Mäuse Krankheiten übertragen, und es war offensichtlich, dass sie massive Ernteschäden verursachen und damit Hungersnöte befördern konnten. Man versuchte darum, die Mäuse in Schach zu halten.

Ägyptische Quellen belegen, dass für die Bekämpfung von Mäusen ungiftige Schlangen, in erster Linie aber Katzen eingesetzt wurden. Sie waren in fast jedem ägyptischen Haushalt anzutreffen und durften selbst im Tempel als gern gesehene Gäste ein- und ausgehen. Auf den Straßen, den Dächern und in den sagenumwobenen, prall gefüllten ägyptischen Getreidespeichern gehörten Katzen selbstverständlich zum alltäglichen Erscheinungsbild.

Seit dem 2. Jahrtausend v. Chr. wurden Katzen in Ägypten domestiziert und gezielt gezüchtet, wobei sie bald nicht nur als nützliche Jäger, sondern auch ihrer Schönheit wegen großes Ansehen genossen. Für Hauskatzen gab es schließlich in der ägyptischen Sprache ein eigenes Wort, das sich sehr wahrscheinlich aus der onomatopoetischen Selbstbezeichnung der ersten domestizierten Katzen ableiten lässt: Hauskatzen wurden nämlich $mj^{a}w$ (gesprochen »miau«) genannt.

Die Katze war in Ägypten also angesehen, mehr noch, sie wurde teilweise sogar als Göttin verehrt oder zumindest als Opfertier gehandelt. Wenn eine Hauskatze starb, so berichtet der griechische Historiker Herodot mit Verwunderung und durchaus auch mit ein wenig Unverständnis, rasierten sich alle Bewohner des Hauses als Zeichen der Trauer die Augenbrauen. Es gab sogar Tempelbedienstete, die freigestellt waren, damit sie sich um die heiligen Tempel-Katzen kümmern konnten. Selbstverständlich war es verboten, eine Katze schlecht zu behandeln. Auf die Tötung einer Katze stand sogar die Todesstrafe, sofern das Tier nicht im Vollzug eines kultischen Ritualopfers sein Leben verlor. Nicht selten wurden Hauskatzen nach ihrem Tod sogar einbalsamiert. Katzenmumien sind heute in zahlreichen Museen auf der ganzen Welt ausgestellt. In der Nähe des Haupttempels von Bastet, der Göttin mit dem Katzengesicht und Tochter des Sonnengottes Ra, fand man bei archäologischen Ausgrabungen sogar einen ganzen Katzenfriedhof. Darin lagen einige tausend mumifizierte Katzen begraben, die sehr wahrscheinlich rituell geschlachtet worden und anschließend in aller Würde einbalsamiert worden waren, eine Ehre, die ansonsten nur hochangesehenen ägyptischen Bürgern zukam.

Interessanterweise fand man in Katzenmumien, die man öffnete, aber nicht die vollständige Leiche, sondern nur einzelne Katzenknochen. Da die Opfer-Schlachtungen unter Ausschluss der Öffentlichkeit durchgeführt wurden, ist angesichts dieses Befundes davon auszugehen, dass die zuständigen Priester deutlich weniger Katzen getötet haben dürften, als von den Gläubigen gewünscht wurde. Mit ihrer Anschmiegsamkeit und ihrem Schnurren dürfte es den niedlichen Samtpfoten wohl ganz gut gelungen sein, in den Priestern und potenziellen Mördern positive Gefühle zu wecken, sodass alles in allem nur wenige Katzen tatsächlich als Opfertiere sterben mussten.

Die Göttin Bastet jedenfalls hatte nicht nur ein Katzengesicht, sie verkörperte auch die sanften Eigenschaften der Katze. Die festlichen Rituale zu Ehren der Göttin endeten nicht selten mit gewaltigen orgiastischen Gelagen und erfreuten sich großer Beliebtheit in der Bevölkerung. Selbst wenn den Katzen bisweilen auch dämonische Kräfte zugesprochen wurden, hatte die Katze in Ägypten insgesamt also ein sehr positives Image.

Eine Bibel ohne Katzen

Trotz der Bedeutung aber, die Katzen im ägyptischen Alltag hatten, und trotz der vielfältigen Beziehungen zwischen Israel und Ägypten in biblischer Zeit, spielen Katzen in der Bibel keine Rolle, ja, es ist noch nicht einmal ein hebräischer Begriff für die Stubentiger überliefert. Das ist überraschend. Obwohl viele Szenen des biblischen Buches Genesis sich in unmittelbarer Nähe zu den gewaltigen ägyptischen Getreidelagern abspielen, wird nie von Katzen erzählt. Hatten die biblischen Autoren Probleme mit dem putzigen Raubtier, das den Ägyptern lieb und heilig war?

Wir können diese Frage heute nicht mit letzter Gewissheit beantworten. Möglicherweise ist das Beschweigen der Katze in der Bibel der Ablehnung der ägyptischen Kultur in Israel geschuldet. Aber warum traf es dann ausgerechnet dieses Tier? Die Gefahr des Götzendienstes ist möglicherweise eine Erklärung: Man wollte nichts mit Bastet zu tun haben. Dagegen spricht, dass man mit anderen Tieren, die in Ägypten den Göttern ein Gesicht gaben, beim Volk Israels kein Problem hatte.

Deshalb erklärt eine kultursoziologische Theorie das Fehlen der Katzen in der Bibel anders: Danach könnte die Katze für die Israeliten ein eher unattraktives Haustier gewesen sein, weil diese – anders als die Ägypter – sehr lange in einem halbnomadischen Verbund von Familienclans lebten. Für die ortsgebundene Katze aber wäre die ständige Wanderschaft gewiss keine ideale Lebensweise gewesen.

Einen ähnlichen Befund liefert das Neue Testament, dem Katzen offenbar völlig unbekannt waren, selbst wenn zumindest im Stall von Bethlehem die eine oder andere Mäuse-Jägerin anwesend gewesen sein dürfte. Die Haltung der frühen Kirche war dementsprechend meistens katzenfeindlich. Die Katze stand im Verdacht, eine Verbündete des Teufels zu sein. In der christlichen Malerei wird sie nicht selten mit dem Verräter Judas in Verbindung gebracht. Ein berühmtes Beispiel dafür ist das »Letzte Abendmahl« von Ghirlandaio (1481). Später, als die Katze ab dem Spätmittelalter bei der Bekämpfung von Ratten, von denen man wusste, dass sie die Pest und andere Krankheiten übertrugen, immer wichtiger wurde, änderte sich die Symbolik: Die ersten

Bilder von der Jungfrau Maria und dem Jesuskind, das eine Katze streichelt oder mit ihr spielt, entstanden.

Auch Leonardo da Vinci dürfte eine solche »Madonna del gatto« (Madonna mit der Katze) gemalt haben, sind uns doch zumindest vier Skizzen dazu erhalten. Leonardos Katze scheint mit der ihr zugedachten Ehre aber nicht ganz glücklich gewesen zu sein: Sie versucht nämlich, sich zu wehren und sich aus der unsanften Umarmung des kleinen Jesuskindes zu befreien. Dieser Widerwille könnte auch damit zu tun haben, dass Katzen häufig als sehr sensible Tiere dargestellt wurden, denen man nicht zuletzt die Fähigkeit nachsagte, als Erste den Erzengel Gabriel wahrzunehmen, was sich dann für die Anwesenden darin äußerte, dass das Tier erschreckt das Weite suchte.

Lieblinge von heute mit zweifelhafter Vorgeschichte

Abgesehen von diesen vereinzelten Darstellungen, gelingt es der Katze jedoch nicht, in der christlichen Frömmigkeit Fuß zu fassen. Und auch wenn sie in Klöstern und Stiften ein gern gesehener Gast war, denn Mäuse und sonstige Nagetiere waren auch dort nicht selten eine richtige Plage, gibt es kaum Heilige, die ein explizit positives Verhältnis zur Katze haben. Hildegard von Bingen etwa schreibt in ihrem Werk »Von den Tieren«: »Die Katze ist mehr kalt als warm; sie zieht üble Säfte an, fürchtet sich nicht vor Luftgeistern und diese sich nicht vor ihr, und sie hat eine gewisse natürliche Beziehung zur Kröte und zur Schlange.« Auch im schon erwähnten berühmt-berüchtigten »Hexenhammer« findet man die Ansicht, dass Hexen die Fähigkeit haben, sich in Katzen zu verwandeln. Und entsprechend beschreibt das »kluge« Buch einen absolut sicheren Test, mit dem man feststellen kann, ob man eine Katze oder eine Hexe vor sich hat: Setzt man das Tier in eine Schüssel mit Weihwasser und versucht das Tier, daraus zu fliehen, dann hat man es auf jeden Fall mit einer Hexe zu tun, die man tunlichst erschlagen sollte. Man kann nur hoffen, dass die Katzen im Mittelalter nicht so wasserscheu waren, wie es die meisten ihrer Artgenossen heute sind.

Also: obwohl die Katze in der Bibel nirgends vorkommt, spielte sie im Lauf der Kirchengeschichte doch eine gewisse – wenngleich nicht immer positive – Rolle.

Von den Ägyptern bis in die Gegenwart ist die Geschichte des Menschen mit der Katze von einem ständigen Auf und Ab geprägt. Ganz ähnlich erging es übrigens beinahe allen anderen Tieren, die heute die Lieblinge der Reihenhäuser, Stadtwohnungen und Kinderzimmer sind. Hunde und Hasen waren als unreine Wesen verpönt, Vögel wurden als Opfertiere getötet, Zierfische und Meerschweinchen kannte man noch nicht, wurden sie doch deutlich später erst aus Amerika eingeführt. Lediglich eine wilde Sorte des heutigen Hamsters dürfte in den wüstenartigen Regionen des alten Orients heimisch gewesen sein. Domestiziert wurden sie allerdings nicht, denn das schien nur im Fall von Nutztieren – von Kamelen, Rindern, Ziegen, Schafen, Eseln und Maultieren also – lohnend.

* * *

Im Unterschied zu den Hauskatzen sind Wild- und Großkatzen sehr wohl Protagonisten in den biblischen Schriften. Selbstverständlich wird mit den Löwen, Leoparden und Panthern nicht gekuschelt, sie sind aber Teil der Visionen für die eschatologische Zeit, in der der Messias kommen und auf der ganzen Welt Frieden herrschen wird. Dann nämlich wird es sogar möglich sein, so meint zumindest der Prophet Jesaja, die (jungen) Raubtiere zu streicheln und mit ihnen spazieren zu gehen (Jes 11).

8.

Der Wal, der den Propheten Jona verschlungen haben soll

Im Mittelmeer ist die Existenz von etwa zwanzig verschiedenen Walarten belegt: Vom zierlichen Delfin, der zur Unterordnung der Zahnwale gehört, über den bis zu 24 Meter langen Finnwal, der zu den Bartenwalen zählt, bis hin zum gewaltigen, 50 Tonnen schweren Pottwal. Was heute noch Wirklichkeit ist, war zu biblischer Zeit nicht anders. Vermutlich tummelten sich damals im Mittelmeer noch weit mehr der riesigen schwimmenden Säugetiere als in unseren Tagen. Allerdings werden die Menschen damals, nicht alle Tiere, die wir heute zu den Walen zählen, als solche bezeichnet haben und umgekehrt. Missverständnisse sind also zu erwarten.

Seemonster aus einer vergangenen Welt

Die menschliche Fantasie haben Wale nicht erst inspiriert, seit Herman Melville Captain Ahab auf die Jagd nach Moby Dick schickte. Auch die Autoren der antiken Welt ließen sich von ihnen anregen. Ein Wal war für sie in erster Linie ein riesiges Seemonster, das Menschen angreifen konnte und Gefahr bedeutete. Diverse Mythen aus dem Mittelmeerraum handeln von Walen, und schon Homer beschrieb in seinem Epos über die Reise des Odysseus einen ebenso gigantischen wie bedrohlichen, weil menschenfressenden Wal, den er *kêtos* nannte.

Anders als die griechische Sprache kennt das Althebräische keinen eigenen Begriff für den Wal. Mit der Wendung »Fische des Meeres« werden in der Bibel grundsätzlich alle Tiere bezeichnet, die im Wasser leben. Nur diejenigen, die Schuppen und Flossen aufweisen, gelten als rein und insofern grundsätzlich als essbar. Dennoch wird der Konsum von Fisch mit einem gewissen Argwohn betrachtet. Die einzigen Personen, von denen man in den biblischen Schriften erfährt, dass sie Fisch gegessen haben, sind Jesus und sein Gefolge. Im Alten Testament tauchen Fische nicht einmal in der ansonsten mit allerlei erlesenen Speisen ausgestatteten Vorratskammer am Hof des Königs Salomo auf (1 Kön 5,2-3). Es fehlen in der Bibel also einerseits Hinweise darauf, dass Fische ein kulinarisches Interesse fanden, und andererseits – und das entspricht dem ersten Befund – eine klare zoologische Differenzierung der Meerestiere, gehen die Textzeugnisse doch nicht über die einigermaßen banale Beobachtung hinaus, dass manche Fische klein und andere groß sind. Weder im hebräischen Original noch in der griechischen Übersetzung stößt man in der Bibel auch nur auf eine einzige Bezeichnung, die eine bestimmte Fischart benennt.

Und obwohl bereits Aristoteles den Verdacht hegte, dass Wale keine gewöhnlichen Fische seien, da Blutkreislauf, Lunge, Gebärmutter und Flossenanatomie eher an Landwirbeltiere erinnerten, kann man selbstverständlich nicht erwarten, dass die biblischen Autoren wussten, dass Wale Säugetiere sind.

Tatsächlich verdanken wir die Tatsache, dass in der Bibel überhaupt ein Wal vorkommt – einmal mehr –, der Übersetzungstätigkeit von Martin Luther. In seiner Bibelausgabe aus dem Jahre 1545 ist sechsmal von Walen die Rede, nach der Revision der Lutherbibel im Jahre 1984 immerhin noch zweimal. Der berühmteste aller biblischen Wale, der nämlich, der den Propheten Jona verschlungen und nach drei Tagen ausgespien haben soll, kommt allerdings nicht einmal in der Lutherübersetzung vor. Vielmehr widmete ihm Luther eine kurze Abhandlung. Aber sehen wir uns die Geschichte – oder besser – das Märchen vom Propheten Jona erst einmal genauer an.

Der Wal, der Jona verschlungen hat

Die vier Kapitel des zu den »kleinen Propheten« zählenden Büchleins beginnen durchaus realistisch. So wie in vielen anderen Prophetenschriften auch spricht Gott zu seinem Auserwählten und erteilt ihm einen Befehl: Jona soll nach Ninive, der Hauptstadt des assyrischen Reiches, gehen und dort predigen. Der Auftrag ist für einen Propheten eigentlich ziemlich banal, für Jona stellt er allerdings ein großes Problem dar. Die Assyrer waren nämlich als ein besonders blutrünstiges Volk bekannt. 722 v. Chr. hatten sie das Reich Israel mit dessen Hauptstadt Samaria erobert und zerstört, sowie die Bevölkerung, der es nicht gelungen war, in das Südreich Juda zu fliehen, deportiert. Dort – und zwar sehr wahrscheinlich in der Hauptstadt Jerusalem – entstand einige Jahrhunderte später die Jonageschichte. Jona selbst stammte aus dem zerstörten Nordreich und deshalb war ihm auch kein anderes Volk verhasster als das der Assyrer, kein göttlicher Auftrag unzumutbarer, als sich gerade nach Ninive, in das Herz des feindlichen Reiches, zu begeben und dort als Prophet aufzutreten.

Jona war daher auch nicht bereit, dem Befehl Gottes zu gehorchen. Stattdessen schiffte er sich ein und segelte von Jaffo, einer antiken Hafenstadt, die heute den ältesten Teil von Tel Aviv bildet, in Richtung Tarschisch an der Südspitze Spaniens jenseits der Straße von Gibraltar. Das war im Blick auf das Ziel seines göttlichen Auftrages – Ninive am Fluss Tigris im heutigen Iran – faktisch eine Reise in genau die entgegengesetzte Richtung an das andere Ende der Welt. Doch vor dem Willen Gottes gibt es für Jona scheinbar kein Entrinnen. Ein gewaltiger Sturm kommt auf, die Seeleute geben Jona die Schuld an den Unbilden der Witterung und werfen den fliehenden Propheten ins tobende Meer.

War die Erzählung bis jetzt durchaus realistisch und nachvollziehbar, verkehrt sie sich mit Jonas Sturz in die Tiefen des Meeres schlagartig ins Märchenhafte. Denn ganz zufällig kommt ausgerechnet in diesem Moment ein Fisch dahergeschwommen und verschluckt den Propheten. Dass der Fisch (auf Hebräisch »*dag*«) groß (auf Hebräisch »*gadol*«) ist, wird möglicherweise deshalb betont, damit glaubhaft sei, dass er Jona ohne Probleme verschlingen konnte, mag aber auch dem Sprachgefühl der biblischen Autoren geschuldet sein, die auf diese Weise die kunstvolle Wendung »*dag gadol*« schufen.

Jona jedenfalls überlebt drei Tage im Bauch des Fisches. Wie das möglich ist, erfährt man allerdings nicht, denn die Bibel ist keine zoologische Abhandlung und noch weniger ein Survival-Ratgeber für verzweifelte Abenteurer, die in die Eingeweide eines Fisches geraten sind. Bei der Jona-Geschichte handelt es sich vielmehr um ein Märchen. Nach den Innereien des Fisches zu fragen wäre daher ungefähr genauso sinnvoll, wie die Beschaffenheit des Wolfmagens untersuchen zu wollen, in dem das Rotkäppchen und seine Oma tapfer bis zum Eintreffen des Jägers ausgeharrt haben.

Dessen ungeachtet gibt es auch aus jüngerer Zeit Geschichten von Seeleuten, die exakt die gleiche Erfahrung wie Jona gemacht haben wollen. So berichtet die New York Times am 22. November 1896 von dem Matrosen James Bartley. Nachdem sein Fangschiff »Star of the East« von einem riesigen Wal attackiert worden war, versank es im Meer. 36 Stunden später aber sei Bartley von Matrosen eines anderen Fangschiffes aus dem Bauch eines von ihnen erlegten Wales befreit worden. Der Glückliche sei bewusstlos, aber noch am Leben gewesen.

Wie es aber gelingen soll, im Bauch eines Wales an die Luft zum Atmen zu kommen, erzählt die New York Times nicht. Wir können darum getrost annehmen, dass es sich bei der bizarren Geschichte um eine Legende handelt, wie sie auch schon Lukian, ein griechischer Schriftsteller aus dem zweiten nachchristlichen Jahrhundert kannte. Und auch Jona wird kaum im Bauch eines Wales gehockt, mit Gott diskutiert und gebetet haben.

Welcher Fisch hat Jona verschlungen?

Dennoch haben sich die Interpreten der Geschichte sich jahrhundertelang mit der Frage beschäftigt, um was für eine Art von Fisch es sich gehandelt haben könnte, die Jona verschlungen hat. Von mythologischen Seemonstern bis hin zu weißen Haien zogen sie beinahe jedes Lebewesen in Betracht, das – ihrer Meinung nach – Flossen hatte und im Wasser lebte. Um das Mysterium endgültig zu lösen, verfasste dann kein geringerer als Martin Luther 1526 – knapp zwei

Jahrzehnte, bevor er die Übersetzung der ganzen, also auch der Hebräischen Bibel abschließen sollte – ein kleines Büchlein, in dem er eine neue Auslegung der Jona-Erzählung vorschlug und damit die Vorstellung aller folgenden Generationen bis in die Gegenwart hinein maßgeblich prägte. Er identifizierte den »großen Fisch«, der Jona verschluckt haben soll, nämlich erstmals eindeutig mit einem Wal.

Wenn man heute auf der Wartburg die Lutherstube besichtigt, in der sich der große deutsche Reformator 1521 nach seiner Verurteilung beim Wormser Reichstag versteckt hielt, kann man vom ursprünglichen Mobiliar des Raumes, der einst als Gefängnis für in Ungnade gefallene Ritter diente, nicht mehr viel sehen. Ein besonderes Originalstück aus der damaligen Zeit ist aber noch erhalten: ein großer Wirbel aus dem Rückgrat eines Wales. Luther verwendete ihn wahrscheinlich als Schemel für seine Füße. Natürlich lässt sich heute nicht mehr feststellen, ob das Aussehen und die Größe seines Wal-Hockers Luther dazu inspiriert haben, den großen Fisch der Jona-Erzählung als Wal zu interpretieren. Auf jeden Fall aber war der bis dato unbestimmte Fisch, der Jona verschlungen hatte, mit Luthers kleiner Schrift unwiderruflich zu einem Wal geworden. Daran änderte auch der Umstand nichts, dass der große Reformator in seiner später angefertigten Bibelübersetzung neutral blieb und den hebräischen Begriff ganz brav mit »großer Fisch« wiedergab.

Luther besaß allerdings – wie die meisten seiner Zeitgenossen – kein besonders großes Wissen über Wale. Und das zoologische »Wissen«, das man damals zu besitzen meinte, stammte aus für uns heute recht eigenartig anmutenden Quellen, den sogenannten Bestiarien. Dabei handelt es sich um mehr oder weniger fantasievoll ausgeschmückte Bücher, in denen reale wie mythische Tiere beschrieben und oft auch abgebildet wurden. Luthers Wal dürfte aus einem solchen Werk stammen, denn er beschreibt ihn als ein gewaltiges Meeresungeheuer mit einem riesigen Rachen. »Dieses Tier«, so Luther, »frisst eine Unmenge an Fischen, die von einem unwiderstehlichen Geruch aus seinem Rachen angezogen werden, weshalb sie sich dem Monsterfisch gewissermaßen freiwillig als Futter hingeben.«

Denkbar wäre aber auch, dass sich Luther vom *Physiologus*, einem frühchristlichen Kompendium der Tiersymbolik, hat inspirieren lassen, welches die Gefährlichkeit und Größe des Wales sehr plastisch zum Ausdruck bringt: »Das Ungeheuer ist sehr groß, ähnlich einer Insel«, heißt es dort. Nicht selten waren zur Zeit Luthers auch Darstellungen, in denen der Rachen eines Wales als Tor zu Hölle erschien.

So oder so war der Fisch, der Jona verschlungen hat, etwas Besonderes. Denn während der Prophet in seinen Eingeweiden harrte und betete, unternahm er eine kleine Weltreise. Jona wurde nämlich irgendwo im Mittelmeer verschluckt und drei Tage später an einem Strand, sehr wahrscheinlich vor den Mauern von Ninive, ausgespien. Da der Suez-Kanals aber erst 1869 erbaut werden sollte, musste das fabelhafte Wesen mit dem Menschen in seinem Wanst ganz Afrika umrunden, um schließlich den Persischen Golf zu erreichen. Danach müsste es noch etwa 800 km gegen die Strömung des Flusses Tigris geschwommen sein, um endlich Ninive zu erreichen. Zwar können Wale enorme Distanzen auf ihren Wanderungen rund um den Globus zurücklegen, aber Ninive lag damals wie heute nicht auf ihren Routen. Daher kann man davon ausgehen, dass der Held der Jona-Erzählung gerade kein Wal, sondern eben ein fantastischer Super-Turbo-Wunderfisch in einer fantastischen Geschichte ist.

* * *

Es sind gerade die märchenhaften Züge, die die Jona-Erzählung kurzweilig und bunt machen. Dabei ist die Jona-Erzählung aber keine Kindergeschichte, sondern vermittelt – auf unterhaltsame Weise – wichtige religiöse und moralische Überzeugungen. Die Abenteuer des Jona handeln nämlich von einem barmherzigen Gott, der den Menschen von Ninive verzeiht und seinen sturen, unmotivierten und in seinem Hass auf die Assyrer erstarrten Propheten über verschiedene Umwege schließlich zur Erkenntnis führt. Dabei ist auch der große Fisch – ob Wal oder nicht – ein Werkzeug dieses klugen, den Menschen liebevoll zugewandten Gottes.

9.

Ochs und Esel und die Weihnachtskrippe

1857 entdeckte ein Baggerfahrer bei Bauarbeiten auf dem römischen Hügel Palatin in unmittelbarer Nähe des *Circus Maximus* die Ruinen eines Gebäudes, das Archäologen später als Offiziers-Akademie der römischen Armee identifizierten. An einer der Wände fand man ein Graffito, also eine Einritzung, die ursprünglich mit einem Nagel oder einem Messer vorgenommen worden war: Es zeigt einen betenden jungen Mann, der seine Hand – wohl in der Haltung eines zeremoniellen Kusses – in Richtung eines Kreuzes erhebt. Am Kreuz hängt ein Mann mit einem Eselskopf. Damit jedem klar ist, was die Abbildung darstellt, gibt es auch eine Inschrift, die besagt: Alexamenos betet Gott an.

Gott: Ein Esel?

Offenbar nimmt das Graffito Bezug auf die christliche Darstellung des gekreuzigten Christus, und aus der Tatsache, dass Jesus als Esel dargestellt wird, wurde allgemein geschlossen, dass Kameraden des jungen Soldaten Alexamenos, der offensichtlich Christ war, dessen Glauben verspotten wollten. Das in die Wand geritzte Kreuz galt darum als der älteste Beleg von religiös motivierter Ausgrenzung bzw. – wie wir heute sagen würden – Mobbing. Denn ein Eselskopf kann, so war man überzeugt, nur auf die Unwürdigkeit und Dummheit der dargestellten Gottheit schließen lassen. Christen sollten sich folglich schämen, einen solchen Gott anzubeten.

Diese Interpretation wirft jedoch Fragen auf, vor allem wenn man bedenkt, dass Tiere in der noch jungen Religion des Christentum häufig einen positiven symbolischen Charakter hatten. Die Taube etwa stand für den Heiligen Geist, der Fisch war ein Kürzel für Jesus, das Lamm Sinnbild für den getöteten Christus, Stier, Adler und Löwe schließlich verkörperten drei der vier Evangelisten. Warum also ein Eselskruzifix?

Wie so oft ist es eine einfache Beobachtung, die Anlass gibt, einmal genauer nachzufragen: Die gekreuzigte Figur trägt nämlich einen Lendenschurz, also ein Tuch, das die Genitalien bedeckt. Das ist für spätere Darstellungen von Kreuzigungsszenen typisch, denn man wollte Jesus ja mit Ehrfurcht begegnen und zeigte ihn darum niemals vollkommen nackt. Historisch ist das aber nicht: Die Römer gestanden ihren Delinquenten bei Folter und Hinrichtung keinen Lendenschurz zu. Zum Tode Verurteilte wurden nackt ans Kreuz geschlagen. Wenn aber das Graffito den Gekreuzigten verspotten wollte, warum dann dieser respektvolle Lendenschurz?

Und warum wird der gekreuzigte Esel von hinten abgebildet. Auch dies war in der damaligen Zeit ein Zeichen der Achtung und des Respekts.

Schließlich lässt die Schreibweise des Namens des Soldaten an der Spott-These zweifeln. Der junge Alexamenos dürfte aus dem orientalischen Teil des römischen Reiches gestammt haben, aus einer Gegend also, in der sich die ersten jesuanischen Gemeinden entwickelten. In diesen Gegenden aber hatten Esel einen hohen positiven Stellenwert.

Der Esel in der jüdisch-christlichen Gesellschaft

In der mesopotamischen Gesellschaft des ersten Jahrtausends v. Chr. war der Esel wesentlich am Entstehen und Wachsen der altorientalischen Hochkulturen beteiligt. Ohne Esel hätte es keinen Güterverkehr über lange Strecken, keinen Transport von schweren Lasten – besonders in unwegsamem Gelände – und insofern deutlich weniger Handel gegeben. Der Esel war mehr als tausend Jahre vor dem Kamel domestiziert worden und galt als kluges und mutiges Tier. Da der Esel in der Haltung anspruchslos war, sah man in ihm gerne das Ideal von Demut und Loyalität verwirklicht. Das ist auch in der Bibel so, wo an zahlreichen Stellen Esel vorkommen, die als Last- und Reittiere eingesetzt wurden und symbolisch für Wohlstand und Reichtum, aber eben auch für Klugheit und Demut standen.

Das enge Verhältnis von Mensch und Esel wird insbesondere im zweimal wiederholten Gebot der Sabbatruhe zum Ausdruck gebracht, die nicht nur für den Menschen, sondern auch für den Esel gilt (Ex 23,12 und Dtn 5,14). Numeri 22 erzählt davon, dass eine Eselin schlauer und einsichtiger ist als ihr Besitzer, der Prophet Bileam. Was dem Propheten als Sturheit des Tieres erscheint, ist im Gegenteil Weitsicht und Weisheit. Esel sind aber auch die Reittiere von Königen (1 Kön 1,33) oder gar des künftigen Messias (Sach 9,9). Im Neuen Testament wird dann das aus dem Buch des Propheten Sacharia bekannte Bild des Esels als Friedensträger wiederaufgenommen: Beim Einzug in Jerusalem sitzt Jesus auf dem Rücken eines Esels (Mt 21,1-17).

Die Liste der positiven Erwähnungen ließe sich noch lange fortsetzen: Auf der Flucht nach Ägypten wird Maria von einem Esel getragen, ebenso – glaubt man dem Protoevangelium des Jakobus – als sie hochschwanger mit ihrem Mann Josef, dem Befehl des Kaisers Augustus folgend, von Nazareth nach Bethlehem reist.

Aber auch in der griechisch-römischen Kulturwelt, die dem »Künstler« auf dem Palatin wohl geläufiger gewesen sein dürfte, war der Esel durchweg ein Tier, dem man mit einer freundlichen Einstellung begegnete und das man mit positiven Attributen versah. Als Symbol für Lebenskraft und Fruchtbarkeit begleitete ein Esel den Gott Dionysos, mit seinem Geschrei soll er einmal die Keuschheit der Göttin Vesta bewahrt haben. In Rom war sogar ein Tempel dem Esel gewidmet.

Noch stärker aufgewertet wurde das Tier dann durch den Kirchenvater Gregor den Großen, der den in Ijob 39,5 erwähnten Esel als Sinnbild für den Menschen gewordenen Gott, also Jesus, interpretierte. Treue, Demut, Friedfertigkeit, Hilfsbereitschaft, Pflichtbewusstsein und rechtes Handeln sind zentrale Eigenschaften, die mit dem Esel in Verbindung gebracht wurden. Am Beginn des 2. Jahrhunderts, zur Entstehungszeit des Graffitos also, war in der römischen Gesellschaft daher keineswegs der Esel, sehr wohl aber das Kreuz – das für die Bestrafung von Sklaven und Barbaren verwendet wurde – ein problematisches Symbol. Möglicherweise also ist die Abbildung auf dem Palatin gerade kein Spott-Kruzifix, sondern eine Art »Werbung« für den noch jungen christlichen Glauben und den dazugehörenden Gott. Aus christlicher Sicht kann man sich zu Recht fragen, welches Tier sich damals besser als Symbol für den gerechten, geduldigen und misshandelten Christus geeignet hätte als der Esel? Schließlich war für die Römer ein Gott mit einem Tiergesicht keineswegs ein Skandalon. Es ist daher sehr wahrscheinlich, dass sich der junge orientalische Christ Alexamenos von der Darstellung des gekreuzigten Esels keineswegs verspottet oder gar gemobbt gefühlt hat. Im Gegenteil: Vielleicht hat er es selbst angebracht, um mit seinen Kameraden über seinen Glauben ins Gespräch zu kommen.

Der Ochs als Alleskönner der Bibel

Das wichtigste Tier im Umfeld des Menschen ist in der Bibel neben dem Esel zweifelsohne das Rind. Wie wichtig es für die Menschen in biblischer Zeit war, kann man vielleicht schon daran erkennen, dass der Name des ersten Buchstabens im hebräischen Alphabet »Rind« bedeutet (auf Hebräisch *»aleph«*) und der Buchstabe wie ein stilisierter Rinderkopf mit Hörnern aussieht. Die hebräische Sprache kennt neun verschiedene Begriffe, mit denen die unterschiedlichen zur damaligen Zeit im Land der Bibel heimischen Rinder bezeichnet werden. Heute können diese nur noch zum Teil konkreten Rassen zugeordnet werden. Mit Ausnahme der Heuschrecken wird in den biblischen Schriften kein anderes Tier so präzis charakterisiert.

Das starke, jedoch aufgrund des Futter- und Wasserbedarfs auch teure Tier konnte einen Pflug oder Dreschschlitten ziehen und war darum ein wichtiges Arbeitstier in der Landwirtschaft. Hatte der Esel die Transportmöglichkeiten für Waren enorm erweitert, erlaubte die Domestizierung des Rindes eine andere bahnbrechende Errungenschaft: Mit ihrer Hilfe konnte man deutlich größere Felder bestellen und auf diese Weise den Ernteertrag vervielfachen. Rinder wurden folglich beinahe ausschließlich als Arbeitstiere eingesetzt; nur zu seltenen, besonders wichtigen Anlässen brachte man sie als Opfer dar. Für die Milch- oder

Fleischproduktion spielten sie hingegen kaum eine Rolle. Ihre Milch diente fast ausschließlich der Ernährung von Kälbern. Der Verzehr von Rind- oder sogar Kalbfleisch war ein Privileg des Königshauses bzw. der Oberschicht (1 Kön 5,3). Und selbst wenn das Schlachten eines Mastkalbes wohlhabenden Familien gerne als Zeichen von Gastfreundschaft oder Freude galt (Gen 18,7; Lk 15), waren sich die Propheten doch einig, dass – zumindest übermäßiger – Fleischkonsum zu tadeln sei (Am 6,4).

Die wirtschaftliche Bedeutung von Rindern prägte auch den Umgang mit ihnen. Als Besitz war das Rind ein Statussymbol, zahlreiche Vorschriften verpflichteten den Halter zu einem fürsorglichen Umgang mit dem Tier. Wie der Esel hatte auch das Rind ein Recht auf die Sabbatruhe; bei Drescharbeiten durften es einen Teil der Ernte als Belohnung verzehren; wenn Rinder durstig waren, mussten sie auch am Sabbat zur Tränke geführt werden. Schließlich wurden Rinder vom Gesetz zur Rechenschaft gezogen und mit dem Tod bestraft, wenn sie beispielsweise einen Menschen getötet hatten. Das mag aus heutiger Sicht nicht gerade als besonderes Zeichen der Tierliebe gelesen werden, mit den Augen von damals betrachtet, zeigt die dadurch zum Ausdruck gebrachte Rechtsgleichstellung des Rindes aber, welch hohen Stellenwert das Tier in der Gesellschaft hatte.

Der Ochs, der Esel und die Krippe

Rinder und Esel waren im ländlichen Umfeld der Bibel also allgegenwärtig. An einer Stelle sucht man allerdings vergeblich nach ihnen, und zwar ausgerechnet in einem

Kontext, in dem die christliche Tradition ganz selbstverständlich von der Anwesenheit dieser beiden Tiere ausgeht: nahe der Krippe, in die Maria das kleine Jesuskind gebettet haben soll. Weder im Matthäus- noch im Lukasevangelium – den einzigen zwei christlichen Werken, die von der Geburt Jesu berichten – kommen Ochs und Esel vor. Die Weihnachtskrippe, die wir heute kennen, geht nämlich in erster Linie auf Franz von Assisi zurück. Als er 1223 in einem kleinen Dorf namens Greccio in Mittelitalien zum ersten Mal eine Krippe mit lebendigen Menschen und Tieren nachbauen ließ, war es für ihn naheliegend, dass die Futterkrippe in einem Stall mit echten Tieren stehen musste. Neben dem Esel, der die schwangere Maria getragen haben mochte, sollte also auch der Ochs nicht fehlen.

Den Text der Weihnachtsgeschichte interpretierte Franziskus recht frei. Die Idee mit Ochs und Esel dürfte er aber primär aus alten literarischen und ikonographischen Traditionen übernommen haben. Beide Tieren finden sich nämlich schon in den ersten künstlerischen Darstellungen der Geburt Jesu, auf den Wandmalereien in den römischen Katakomben. Auf dem Sarkophag eines römischen Soldaten namens Stilichos aus dem 4. Jahrhundert, der heute in der Mailänder Basilika Sant'Ambrogio zu sehen ist, scheinen sie gar an die Stelle von Maria und Josef getreten zu sein und das Kind – angesichts der Abwesenheit seiner Eltern – zu bewachen.

Als literarische Quelle für das Auftreten von Ochs und Esel in der Weihnachtsgeschichte ist das Protoevangelium des Pseudo-Matthäus zu nennen. Die Erzählung stammt aus dem 8. Jahrhundert und berichtet, dass Ochs und Esel am dritten Tag nach der Geburt der Heiligen Familie einen »Besuch« abstatten und das Kind ehren. Inspiriert sein dürfte diese Szene durch zwei Texte aus dem Alten Testament. Der erste stammt aus dem Buch des Propheten Jesaja (1,3) und besagt, dass Rind und Esel Gott leichter erkennen als die Menschen und insofern als Vorbilder gelten können. Das zweite Zitat ist eine falsche Übersetzung aus dem Buch des Propheten Habakuk. Hier dürfte ein unaufmerksamer, abgelenkter oder einfach übermüdeter Kopist zwei ähnliche griechische Begriffe verwechselt haben: Aus zwei besonderen »Zeitaltern« (im Genitiv Plural *zōṓn*) wurden zwei »Tiere« (im Genitiv Plural *zṓi*ōn).

* * *

Unabhängig vom fehlenden biblischen Beleg machten sich Ochs und Esel aber sehr gut an der Seite der Heiligen Familie und so gehörten sie gemeinsam mit den Schafen der Hirten und den Kamelen der drei Könige bald zum fixen Inventar der Weihnachtsszenerie. Auch wenn es dafür kein biblisches Zeugnis gibt, ist freilich nicht ausgeschlossen, dass – sofern Jesus wirklich in einem Stall geboren sein sollte – dort neben Mäusen, Hühnern, Katzen und Spinnen eben auch ein Esel oder ein Rind gelebt haben könnten. Ein Ochs war es aber sicher nicht. Denn das jüdische Gesetz verbot explizit das Zerdrücken, Zerschlagen, Zerreißen oder gar Abschneiden von Tierhoden (Lev 22,24). Daher ist davon auszugehen, dass es in Bethlehem um das Jahr Null herum keine Ochsen, sondern lediglich Kühe, Kälber, Färsen und Stiere gegeben hat.

10.

(Nicht) Auf den Hund gekommen

In vielen Kulturkreisen gilt der Hund heute als der beste Freund des Menschen, und auch die besondere Verbundenheit zwischen Mensch und Pferd ist so alt und ausgeprägt, dass die indigenen Völker Nordamerikas, als sie infolge der spanischen Eroberung im 16. Jahrhundert erste Bekanntschaft mit dem Pferd machten, dieses als *shunka wakan* bezeichneten, also als »großen« oder gar »heiligen Hund«.

Es wundert darum nicht, das beide Tiere auch in der Bibel vorkommen, allerdings nicht – wie man vermuten würde – als Partner und Begleiter des Menschen.

Was »Hund« alles heißen kann ...

Der Hund ist ein vielseitiges Tier. Das gilt nicht nur im Hinblick auf die Aufgaben, die die unterschiedlichen Rassen im Dienste des Menschen wahrnehmen können. Schon das Wort »Hund« kann eine Fülle von semantischen Inhalten bekommen, ohne überhaupt ein Tier zu bezeichnen. In erster Linie dient es als Beleidigung; ja, Linguisten haben gar herausgefunden, dass das Wort »Hund« das am weitesten verbreitete Schimpfwort der Menschheit ist, kommt es doch so in fast allen Sprachen vor. Und das nicht erst seit Kurzem. Schon in einer altindischen Sammlung von Gedichten, die ca. 4.000 Jahre v. Chr. entstanden ist, wird ein Mensch als Hund beleidigt. Im Deutschen fungiert »Hund« auch als – überwiegend negativ besetztes – Flick- und Füllwort, häufig in Verbindung mit einem Eigenschaftswort: blöder, armer, dummer, feiger, frecher, geiler Hund. Aber auch als Vorsilbe macht der Hund die Dinge tendenziell schlechter und nicht besser. So ist das beim Hundskerl, Hundewetter oder wenn man hundemüde ist.

Die Bibel stellt hier keine Ausnahme dar: »Hund« ist der einzige Haustiername, der als Beleidigung gebraucht wird. Selbst Jesus benutzt ihn einmal, um eine Frau auszuschimpfen (Mk 7,27) und der Apostel Paulus bezeichnet die Gegner der christlichen Gemeinde in der griechischen Stadt Philippi abwertend als »Hunde« (Phil 3,2). Deutlich ist auch Abischai, ein Kämpfer aus den Reihen Davids, wenn er mit seiner rhetorischen Frage – »Warum verflucht dieser tote Hund meinen Herrn?« (2 Sam 16,9) – einen vorlauten Mann zurechtweisen will. Schließlich gehört es in den Psalmen fast schon zum guten Ton, die eigenen Feinde abschätzig mit Hunden zu vergleichen (Ps 22,17.21; 59,7.15). Im letzten Kapitel der Offenbarung schließlich wird die Beschimpfung »Hunde« für eine nicht näher definierte Gruppe von Menschen gebraucht, denen gemeinsam mit Zauberern, Unzüchtigen, Mördern, Götzendienern und Lügnern kein Eingang in die ewige himmlische Stadt gewährt werden soll (Offb 22,15) und die man in der Tradition gerne als Homosexuelle deutete.

Aber schlimmer noch als diese Diffamierungen war offensichtlich für Menschen in biblischer Zeit die Drohung, nach dem Tod von Hunden gefressen zu werden. Besonders häufig trifft Mitglieder von Königsfamilien, die – aus welchen Gründen auch immer – eine schlechte Reputation hatten, diese unheilvolle Ankündigung. So wird eine solch unehrenhafte Zukunft der Königsgattin Isebel besonders häufig vorhergesagt (1 Kön 21,23; 2 Kön 9,10.35). Davon abgesehen empfand man wohl schon die Drohung »die Hunde werden dein Blut lecken«

(1 Kön 21,19) als äußerst beleidigend, denn das menschliche Blut galt als heilig und durfte daher auch nicht auf diese Weise entweiht werden.

Kein Schatten ohne Licht

Hunde begleiten die menschliche Zivilisation schon seit sehr langer Zeit. Je erfolgreicher diese wurde, desto mehr profitierten auch die Vierbeiner von diesem Erfolg. Mit der Zahl der Menschen nahm auch die der Hunde zu und damit kam es schließlich auch zu Problemen. Denn nicht alle Hunde, die da waren, konnten oder wollten die Menschen auch versorgen. Schlecht gefütterte oder gar ausgesetzte Hunde mussten sich selbst auf die Suche nach Essbarem machen, und so bekam das Bild des treuesten Freundes ein paar unschöne Flecken. Bald standen Hunde in dem Ruf, alles zu fressen und nicht einmal vor Ausgespienem zurückzuschrecken (Spr 26,11), was in der israelitischen Gesellschaft ein absolutes *no go* war. Hunde schleckten das Blut von Verwundeten und scheuten auch vor Leichen und Aas nicht zurück, was sie zu unreinen Tieren machte.

Dennoch kommen Hunde vereinzelt auch positiv in den Blick, und zwar – wie im übrigen Alten Orient auch – als Wach- und Hütehunde. Anders als in Ägypten und Assyrien werden in den biblischen Schriften dagegen keine Jagdhunde erwähnt. Ein Hund begleitet Tobit, den Sohn des Tobias, auf seiner Wanderschaft (Tob 5,17); eine so herausragende Rolle wie Argos, der Hund des Odysseus, der seinen Herrn Odysseus nach 20 Jahren wiedererkennt, spielt er allerdings nicht. Dennoch steht er am Anfang eines Imagewechsels oder zumindest einer Imageverbesserung. In der frühen Kirche galten Hunde bereits als Vorbild für Demut und Bescheidenheit. Der große Reformator Johannes Calvin sprach dann von sich selbst als von einem Hund, der angesichts des Missbrauchs des Wortes Gottes nicht zu bellen aufhören kann. Und der Predigerorden der Dominikaner, aus dem die berüchtigtsten Inquisitoren der Kirchengeschichte stammten, wurde oft als *domini canes* (»Hunde des Herrn«) bezeichnet. Ihre Feinde erkannten in ihnen »Spürhunde«, stets eifrig auf der Suche nach Ketzern und Hexen, während sie selbst sich natürlich als treue Wachhunde sahen.

Das Pferd als Kriegsmaschine

Wie aber steht es mit dem Pferd? Als Schimpfwort kennen wir es weder aus der Bibel noch aus anderen schriftlichen Quellen der damaligen Zeit. Doch ein wirklich gutes Image hatte das Pferd in der Bibel dennoch nicht. Für Ägypter, Assyrer, Perser, Griechen und Römer waren Pferde wertvolle Tiere, nicht aber für das biblische Israel. In der Landwirtschaft war ihr Einsatz zu teuer und da sie eine Vorliebe für dieselben Getreidesorten hatten wie der Mensch, waren sie gewissermaßen Nahrungsmittelkonkurrenten. Den Wiederkäuern ähnlich, aber ohne gespaltene Hufe, galten sie als unrein und konnten daher nicht einmal verzehrt werden.

In den Kulturen des Alten Orients war das Pferd in erster Linie eine Kriegsmaschine, die, egal ob im Galopp auf dem offenen Kampffeld oder im Gespann vor einem Streitwagen, kaum aufzuhalten war. Die israelitische Gesellschaft entwickelte sich jedoch in einer unwirtlichen, hügelig-felsigen Gegend, wo der Einsatz derartiger Kriegstechniken nicht sinnvoll war. Tatsächlich blieb der Mangel an Streitrossen und Wagen lange als strategischer Nachteil des Volkes Israel gegenüber seinen Nachbarvölkern bestehen. Ägypter, Hethiter, aber auch Kanaanäer und Philister errangen dank ihrer Kavallerie und ihrer schnellen Bogenschützen, die von Streitwagen aus die Infanterie dezimierten, grandiose Siege. Die Israeliten dagegen wussten, wenn sie im Kampf eines der edlen Tiere erbeuteten, nichts anderes damit anzufangen, als ihm die Sehnen des Sprunggelenks zu durchtrennen (Jos 11,6 und 2 Sam 8,4) und es damit für den Einsatz im Krieg unbrauchbar zu machen.

Erst in der späten Königszeit wurden Pferde auch in Israel und Juda als Zugtiere für den Streitwagen eingesetzt, eine Kavallerie besaß man aber auch damals nicht. Insofern sind die Reiterstatuetten aus dem 8. und 7. Jahrhundert v. Chr. nicht als Beleg für die Bedeutung der militärischen Reiterei zu deuten, sondern eher als Auseinandersetzung mit den übermächtigen Feinden: Man bewunderte die berittene assyrische und ägyptische Armee und erbat von Gott zugleich Schutz vor ihr. Aus dieser Zeit stammt auch die biblische – zweifellos übertriebene – Darstellung der Stallungen von König Salomo im ersten Buch der Könige, wobei wir es hier einerseits mit Wunschvorstellungen, andererseits mit Staatspropaganda zu tun haben dürften. Denn welches Volk hätte sich nicht einen so starken König mit so vielen Pferden und Streitwagen gewünscht!

Das Pferd als Zeichen von Überheblichkeit und Götzendienst

In den biblischen Schriften repräsentierten Pferde also in erster Linie militärische Macht. Bemerkenswert ist in diesem Kontext, dass sie überwiegend dort vorkommen, wo feindliche Angriffe geschildert werden. Die einzig nennenswerte Ausnahme stellt das Heer von König Ahab aus dem Nordreich dar, der – glaubt man der entsprechenden assyrischen Inschrift – in der Schlacht von Qarqar im Jahre 853 v. Chr. ein Wagenkontingent in den Kampf geschickt haben soll, das deutlich größer war als das Aufgebot seiner Verbündeten. Da der verfeindete assyrische König Salmanassar III. die Schlacht gewonnen und folglich die entsprechende »Geschichtsschreibung« veranlasst hat, ist allerdings davon auszugehen, dass die genannte Zahl von 2.000 Streitwagen deutlich übertrieben ist. Die eigene Stärke zu betonen, indem man den Feind als mächtiger erscheinen lässt, als er ist, war nämlich schon damals ein beliebtes Mittel der strategischen Kriegsberichterstattung.

Aber auch in Israel und Juda dürften sich die Könige gerne mit der Anzahl ihrer Pferde gerühmt haben, weshalb das Königsgesetz im Deuteronomium (17,16) es den Regenten schlussendlich verbot, eine zu große Anzahl an Pferden zu halten, da dies als Ausdruck einer frevlerischen Überheblichkeit gesehen wurde. Die Propheten sahen in den Pferden und in der mit ihnen assoziierten Kriegslogik eine Art Götzendienst. In der prophetischen Friedensvision wird Gott daher gemeinsam mit den (anderen) Waffen auch die Pferde vernichten und ausrotten (Mi 5,9; Hag 2,22 und vor allem Sach 9,10; 12,4; 14,15).

Als Vorbild dürfte hier der Mythos von der epischen Zerstörung der ägyptischen Streitkräfte – samt Ross und Reiter – beim Auszug aus Ägypten (Ex 15) gedient haben. Das Siegeslied, das Miriam damals mit ihrem Tamburin angestimmt haben soll, bleibt durch das ganze Alte Testament hindurch das Idealbild für den Beweis der Wirkmächtigkeit Gottes bestehen. Den Pferden erging es dabei allerdings schlecht, denn »Rosse und Wagen warf Gott ins Meer« (Ex 15,1).

Pferde standen aber auch für sich selbst, beeindruckten durch Eleganz, die Geschmeidigkeit ihrer Bewegung und durch ihre Geschwindigkeit – selbst wenn der um einiges weniger anmutige Straußvogel, wie das Ijobbuch berichtet, schneller laufen konnte (39,18).

Auch eine sexuelle Konnotation im Zusammenhang mit Pferden findet sich in der Bibel. So kennt Jeremia zum Beispiel den »geilen Hengst« (Jer 50,11), und eine Frau, die von vielen Männern begehrt wird, gilt als »Stute bei den Streitrossen des Pharaos« (Hld 1,9). In beiden Fällen ist der Akzent nicht gerade positiv. Negativ erscheint die Gestalt des Pferdes auch in der apokalyptischen Literatur im Alten wie im Neuen Testament. Der Prophet Sacharja deutet Pferde als gefährliche Tiere, lässt aber dennoch Gott auf ihnen reiten (Sach 10,3) und geht davon aus, dass sie Teil des himmlischen Heeres sind (Sach 6).

In der Offenbarung des Johannes kommen vier verschiedenfarbige Pferde vor, die gemeinsam mit ihren Reitern für die Plagen Krieg, Bürgerkrieg, Tod und Hungersnot stehen.

Nichtsdestotrotz wird der veränderte kulturelle Hintergrund spürbar, vor dem dieses letzte Werk der Bibel entstanden ist. In Offenbarung 19,11 heißt es, dass Christus bei seiner Wiederkunft auf einem weißen Ross reiten wird. Der friedfertige, demütige Esel aus der alttestamentlichen Prophetie (Sach 9,9), der Jesus bei seinem Einzug in Jerusalem getragen hat, passte gut zu seiner jüdischen Umwelt. In der Offenbarung dagegen ging es darum, mit den pompösen Darstellungen der römischen Kaiser mitzuhalten. In diesem veränderten Kontext ist das Pferd das einzige Tier, das für den triumphalen Marsch des auferstandenen Christus in Frage kommt. Damit liefert die Offenbarung – wohl von der römischen Umwelt beeinflusst – die einzige, klar positive Episode im Korpus der biblischen Pferdegeschichten.

* * *

Trotz der äußerst schlechten Startbedingungen haben Hund und Pferd im Lauf der Kulturgeschichte eine steile Karriere in Sachen Publicity hingelegt und das sogar in christlichen Kreisen. So hat man in der Ikonographie Heilige, die für ihre Treue und Hinwendung verehrt wurden, symbolisch mit einem Hund dargestellt, und weder der Drachentöter Georg noch der Heilige Martin, der seinen Mantel mit den Armen teilte, sind ohne Pferd vorstellbar. Seit dem Mittelalter wird das Pferd sogar zum Werkzeug Gottes, sagt man dem Apostel Paulus doch nach, dass sich seine Bekehrung zum Christentum in dem Moment ereignete, in dem er von seinem prächtigen Pferd stürzte. Dass dieses Pferd im Originaltext nicht vorkommt, stört nicht weiter, sagt aber sehr viel über die inzwischen veränderte Haltung gegenüber dem – zu biblischer Zeit – mit wenig Liebe betrachteten Tier aus.

C.

Tiere, die in der Bibel in besonderen Rollen vorkommen

Die Rollen, die Tiere innerhalb der Bibel einnehmen, sind vielfältig und lassen sich nur schwer in einfachen Kategorien zusammenfassen. Insgesamt waren die Tiere in der damaligen Gesellschaft stärker sichtbar und nahmen zentralere Positionen ein, als das heute in der modernen westlichen Welt der Fall ist. Nicht zuletzt waren sie Rechtssubjekte, das heißt, sie trugen eine rechtliche Verantwortung, wenn sie zum Beispiel jemanden getötet hatten. Mit Tieren Geschlechtsverkehr zu haben war grundsätzlich zwar verboten, wenn es aber doch passierte, wurden die männlichen Tiere genauso bestraft wie ein Mann, der sich eine unerlaubte sexuelle Handlung mit einer Frau hat zu Schulden kommen lassen. Schließlich stellte man sich Gott in den biblischen Texten manchmal wie einen Menschen vor, manchmal trug er aber auch deutlich tierische Züge.

Selbstverständlich wurden Tiere damals auch getötet, um geopfert oder verspeist zu werden. Dazu findet man immer wieder kritische Bemerkungen, allerdings keine systematischen tierethischen Überlegungen. Nichtsdestotrotz sieht der ideale Zustand im Paradies eine Welt vor, in der sich nicht nur Menschen vegetarisch ernähren, sondern selbst die Raubtiere.

11.

Es war einmal eine Killer-Kuh

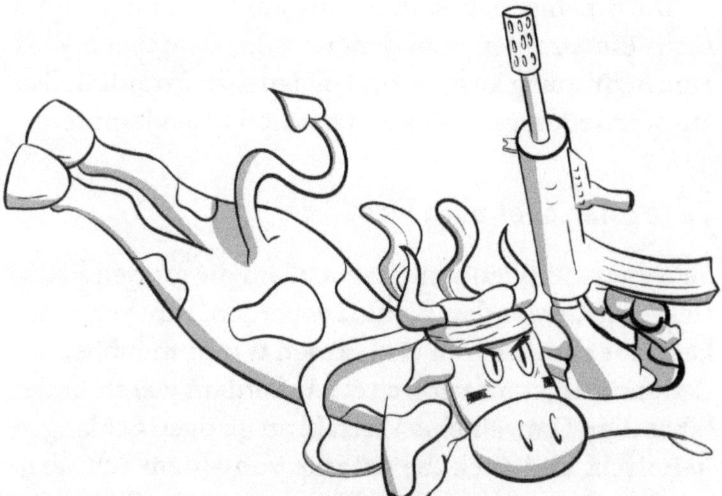

In der Bibel, genauer: im Buch des Propheten Amos wird der »Tag des Herrn«, das ist der Zeitpunkt des Endgerichts am Ende der Zeiten, mit einem eindrucksvollen Bild beschrieben: Die Geschehnisse des »Jüngsten Tages«, wie er auch genannt wird, sind so unvermeidbar, »wie wenn jemand vor dem Löwen flieht, und es begegnet ihm der Bär. Aber er kommt nach Hause und stützt seine Hand an die Mauer, da beißt ihn die Schlange« (Am 5,19). In dieser Metapher kommen gleich drei für den Menschen äußerst gefährliche Tiere vor. Die Pointe ist deutlich: So sicher, wie diese Tiere den Flüchtenden töten werden, so gewiss ist, dass jeder Mensch zur Rechenschaft gezogen wird.

Die drei hier genannten Tiere sind aber bei Weitem nicht die einzigen, von denen in der damaligen Welt eine Bedrohung ausging und denen man grundsätzlich zutrauen musste, dass sie Menschen töten konnten.

Tiere töten oder auch nicht

Selbstverständlich stellten vor allem die großen Raubtiere eine Gefahr dar: Wölfe, Leoparden, Panther, Schakale, aber auch Bären und Löwen waren in biblischen Zeiten noch stark verbreitet. Außerdem waren in der biblischen Umwelt eine Vielzahl an giftigen Schlangen heimisch, und auch die Attacke von einem Schwarm von Wildbienen konnte tödlich enden. Detaillierte Erzählungen von Tieren, die Menschen töten, sind in der Bibel dennoch selten, selbst wenn man de facto jederzeit mit einer solchen Tragödie rechnen musste.

Überliefert ist zum Beispiel die Geschichte von Jakob, den seine älteren Kinder glauben lassen wollten, dass sein Lieblingssohn Josef tot sei, und die ihm darum die blutverschmierten Kleider des Bruders zeigten. Damit war für den Vater klar, dass ein wildes Tier die Schuld am Verschwinden des Sohnes tragen musste. Dass Josef in Wahrheit von seinen Brüdern in die Sklaverei verkauft worden war, konnte Jakob nicht ahnen. Daneben ist in der Hebräischen Bibel einmal die Rede von einem namenlosen Propheten, der von einem Löwen getötet worden sei (1 Kön 13,24), von zwei Bärenmüttern, die 42 Kinder in Stücke gerissen haben sollen (2 Kön 2,24), und von Schlangen, die – während das Volk Israel durch die Wüste wanderte – viele Mitglieder des unzufriedenen Volkes Israel gebissen und tödlich vergiftet hätten (Num 21,4). In diesen drei Fällen handeln die Tiere aber nicht aus eigenem Antrieb, sondern als Werkzeuge Gottes, die dieser einsetzt, um Menschen zu bestrafen.

Von Löwen, die im Auftrag Gottes morden, wird auch in 2 Kön 17,25 erzählt. Ihre Opfer sind dieses Mal assyrische Männer und Frauen, die das gerade eroberte Gebiet um Samaria neu besiedeln wollen. Der Prophet Jeremia schließlich deutet nicht nur die Löwen, sondern auch einen Wolf und einen Leoparden als Mittler des göttlichen Willens. Als solche zerreißen sie dem Glauben untreu gewordene Menschen, wenn diese sich aus ihren Städten wagen (Jer 5,6). Wenn Gott aber nicht mithilfe von Tieren strafen will, sind diese letztlich machtlos, selbst wenn es sich bei ihnen um die gefährlichsten Vertreter der altorientalischen Tierwelt, die Löwen, handelt. Das zeigt die Episode von Daniel, der eine Nacht lang in einer Grube in Gesellschaft eben solcher Bestien ausharren muss, bevor er am nächsten Morgen unversehrt geborgen wird (Dan 6).

Im Neuen Testament treten in der Offenbarung des Johannes die apokalyptischen Pferde auf, aus deren »Mäulern Feuer und Rauch und Schwefel hervorgeht« und die Menschen töten (Offb 9,17-18). In diesen Bildern spiegeln sich die schrecklichen Erfahrungen der frühen Christen wider, die diese mit der römischen Armee und ihren gepanzerten Pferden machen mussten. Doch auch in diesem Fall agieren die furchterregenden, blutrünstigen Rosse lediglich als Werkzeuge Gottes. Er allein vermag es, so war man damals überzeugt, diese in der Endzeit erscheinenden, äußerst gefährlichen Tiere im Zaum zu halten und schließlich sogar zu vernichten (Offb 19,18), so, wie Gott auch die Macht hat, giftigen Heuschrecken und Skorpionen zwar das Quälen der Menschen zu ermöglichen, es ihnen aber nicht erlaubt, diese zu töten (Offb 9,5).

Kühe, die töten, werden auch bestraft

Neben Großwildkatzen, Schlangen und Skorpionen, bei denen wir alle selbstverständlich davon ausgehen, dass sie einem Menschen gefährlich werden können, kennen die biblischen Autoren aber auch andere Killer-Tiere, zum Beispiel die gewöhnlich sehr friedliche, sich rein pflanzlich ernährende Kuh. Denn dass ein Rindvieh nicht ungefährlich ist, wussten die Menschen zu biblischer Zeit aus ihrem täglichen Umgang mit ihm, anders als das heute der Fall ist, wie Ereignisse aus dem Sommer 2014 zeigen. Damals verbreiteten sich in den europäischen Tageszeitungen und Fernsehjournalen mit einem Mal »biblisch« anmutende Bilder von Killer-Kühen. Eine deutsche Wanderin war nämlich in den Tiroler Alpen auf einer Almwiese, die sie in Begleitung ihres Hundes überquerte, von einer Herde aus Mutterkühen umzingelt, bedrängt und schließlich zu Tode getrampelt worden. Kurz zuvor waren zwei weitere Fälle bekannt geworden, bei denen Wanderer von Kühen schwere Verletzungen erlitten hatten. In allen Fällen wurden die Bergbauern, denen die Kühe gehörten, gerichtlich für die Taten ihrer Tiere verantwortlich gemacht mit der Begründung, dass die Kühe frei liefen und nicht durch eine Einzäunung gesichert waren. Im Fall der berüchtigten Killer-Kuh musste ihr Besitzer dem Witwer der zu Tode gekommenen Frau beinahe eine halbe Million Euro als Entschädigungsleistung bezahlen.

Derartige richterliche Entscheidungen sind für die Betroffenen zwar hart, im Kontext der modernen Rechtsprechung aber durchaus plausibel. Diese ist nämlich an das römische Recht angelehnt, wo grundsätzlich zwischen Personen und Sachen unterschieden wird, wobei ausschließlich Personen als rechtsfähig gelten. Tiere dagegen werden als Besitz von Personen angesehen und damit zur einer Sache degradiert, die nicht rechtsverantwortlich handeln kann. Diesen Rechtsstatus teilten Tiere im alten Rom übrigens mit Frauen, Sklaven und Kindern.

Ganz anderes dachte das biblische Recht. Die kurze Sammlung von Rechtsnormen, die Stiere und Rinder betreffen, im Buch Exodus (Kap. 21) erklärt die Sachlage am besten. Hier wird das Tun eines Stieres, der einem Menschen einen tödlichen Stoß versetzt, klar als »Mord« bewertet. Daher ist dann auch das Hauptgesetz im Fall von Mord anzuwenden, das in Exodus 21,12 wie folgt formuliert wird: »Wer einen Menschen schlägt, sodass er stirbt, soll getötet werden.« Diese sehr allgemein formulierte Rechtsvorschrift, die in erster Linie darauf abzielte, eine ausgleichende Gerechtigkeit herzustellen und eskalierende Rachefehden betroffener Familien zu verhindern, wird hier überraschenderweise auch auf Rinder angewandt. Da im alten Israel die Kastration verboten war, kamen Ochsen nicht als potenzielle Gewalttäter in Frage, sondern ganz konkret nur Stiere oder eben auch Kühe, die einen Mann oder eine Frau »stoßen, sodass sie sterben« (Ex 21,28). Sofern sich ein solches Unglück ereignet, bleibt – anders als wir es heute erwarten würden – der Besitzer der Kuh oder des Stieres straffrei. Gerichtet wird vielmehr das Tier, das – so wie man es auch bei einem menschlichen Straftäter machen würde – gesteinigt wird. Diese biblischen Passagen erinnern an die berühmt-berüchtigten Tierprozesse des Mittelalters, bei denen Anwälte feurige Plädoyers für oder gegen die beschuldigten Tiere hielten. Dabei war es egal, ob Schweine, Wölfe, Pferde oder sogar Holzwürmer auf der Anklagebank saßen.

In der heutigen Zeit dagegen gehen die Gesetzgeber davon aus, dass Tiere keine Träger von – durch Rechtsnormen begründeten – Pflichten sind. Demnach können nur Menschen für ihre Handlungen zur Rechenschaft gezogen werden. Hunde, die einen Menschen beißen und auf diese Weise verletzen bzw. gar töten, werden im Regelfall – nach einem tierärztlichen Gutachten – eingeschläfert, aber nicht im Rahmen eines Gerichtsprozesses hingerichtet. Die Killer-Kühe der Gegenwart dagegen brauchen üblicherweise keine Konsequenzen zu fürchten. In den beiden zuvor genannten Fällen wurde in den Prozessen ausschließlich über die Verantwortung der Menschen diskutiert, die als Besitzer der Tiere angeklagt waren. Diesen Bauern wurde im Prozess fahrlässige Tötung vorgeworfen.

In der Welt der Bibel ist – wie wir gesehen haben – genau das Gegenteil der Fall. Sofern man nicht von einer Teilverantwortung des Tierbesitzers ausging, weil sein Rind beispielsweise bereits verhaltensauffällig war und er darum wusste (Ex 21,29), bleibt er gänzlich straffrei. Und selbst wenn gelegentlich ein unaufmerksamer oder ignoranter Tierhalter für seine Fahrlässigkeit bestraft werden konnte, lag die Verantwortung für den tödlichen Stoß in der damaligen Vorstellung doch klar beim Rind.

Tiere als Rechtssubjekte

So oder so muss das Rind, das einen Menschen getötet hat, also zur Rechenschaft gezogen werden. Die Strafe ist der Tod, wobei die Art und Weise, wie die Todesstrafe exekutiert werden soll, auf den ersten Blick recht eigenartig anmutet. Das Gesetz sieht nämlich vor, dass das Killer-Tier gesteinigt werden muss. Das ist in der Tat nicht die einfachste Methode, ein ausgewachsenes Rind zu töten. Um diese Vorschrift besser zu verstehen, ist es hilfreich zu wissen, dass die Steinigung in der biblischen Welt die Tötungsart war, die klassischerweise angewendet wurde, wenn es sich um Delikte handelte, die mit Blutschuld zu tun hatten. Damit aber findet die Tötung des schuldbeladenen Tieres inmitten der Gesellschaft statt, es bleibt tief in ihr verankert und wird nicht an einen von der Obrigkeit eingesetzten Henker ausgeliefert. Die Gemeinschaft vollzieht das Urteil vielmehr selbst und delegiert den Vollzug nicht an eine eigene, dafür vorgesehene Instanz. Im Denken der damaligen Zeit bedeutete eine solche ritualisierte Tötung, dass der hingerichtete Straftäter – in diesem Fall also das Tier – in seinem Sterben als vollwertiges Mitglied der menschlichen Gesellschaft anerkannt war und blieb.

Auf einer sehr abstrakten Ebene könnte man also argumentieren, dass in den biblischen Bestimmungen ausgerechnet im traurigen Tiefpunkt der Mensch-Tier-Beziehung – der Hinrichtung des Rindes durch Steinigung – ein höheres Maß an Gleichberechtigung verwirklicht war, als das in den europäischen Gesetzestexten der 21. Jahrhunderts der Fall ist, in denen Tiere durchweg Sachen sind und bleiben. Auf einer praktischen Ebene wird ein solcher Zugang heute aber kaum jemanden befriedigen. Man muss kein überzeugter Tierrechtsaktivist sein, um sich darüber zu empören, dass in der damaligen Zeit Tiere – die insofern als unschuldig zu gelten haben, als sie gerade nicht die Fähigkeit besitzen, wissentlich und willentlich frei zu handeln – einen grausamen Tod finden mussten, nur damit die gesellschaftliche Vorstellung von einer ausgleichenden Gerechtigkeit befriedigt werden konnte. Derartige Vorschriften gibt es innerhalb des biblischen Kanons nämlich nicht nur für Killer-Kühe, sondern für eine ganze Reihe von Vergehen, bei denen die Tiere mit den gleichen Strafen belegt werden wie die Menschen, wobei es sich meist um die Todesstrafe handelt.

Allerdings hat der Umstand, dass es ein Rechtssubjekt ist, auch erfreuliche Seiten für das Rind: In Dtn 25,4 wird nämlich verboten, einem Rind, das gerade bei der Drescharbeit eingesetzt wird, das Maul zu verbinden und es auf diese Weise am Fressen zu hindern. Das Rind soll einerseits nicht in seiner Freiheit eingeschränkt werden, andererseits wird ihm ein Anteil an der Ernte zugestanden: Es darf sich daran sättigen, was bedeutet, dass es sich nach eigenem Ermessen einen Teil von dem gemeinsam eingebrachten Getreide nehmen darf. Kühe und Stiere standen also unter dem Schutz des Gesetzes, ähnlich übrigens wie Witwen, Waisen und Ausländer (Ex 20,10), die – als bedürftige Mitglieder des Volkes Israel – ebenfalls mit einer Lebensmittelgabe bedacht werden mussten.

* * *

Tiere werden in der Bibel nicht nur dann wie Rechtssubjekte behandelt, wenn sie einen Menschen töten und dafür bestraft werden sollen. Ähnlich wie die schwächsten Mitglieder der Gesellschaft sollen auch sie vor Ausbeutung und Hunger bewahrt werden. Dabei handelt es sich um eine innerhalb der altorientalischen Gesetzgebung einmalige Vorschrift. Die spätere rabbinische Tradition betont sogar, dass dieses Gesetz wie kein anderes den Unterschied zwischen der Moral Israels und der Moral der anderen Völker sichtbar macht. Eine Beobachtung, der man in heutiger Zeit vielleicht wieder etwas mehr Beachtung schenken sollte?

12.

Ein Gott oder doch ein Tier?

Vor etwa 30.000 Jahren feierte eine Gruppe von Höhlenmenschen auf der Schwäbischen Alb im heutigen Baden-Württemberg einen großen Jagderfolg. Sie hatten ein Wollhaarmammut erlegt, ein Tier, das für sie weit mehr als bloß eine Nahrungsquelle war. Denn neben seinem Fleisch und Fett konnten auch die Knochen, Sehnen und das Fell vielfältig genutzt werden. Die Jäger fertigten daraus Waffen, Kleidungsstücke und sonstige Gebrauchsgegenstände. Die großen Mammutknochen dienten als Baumaterial für Hütten oder auch als Brennstoff. Aus dem Elfenbein der Stoßzähne entstanden Geschoßspitzen und Schmuckanhänger, ja, sogar einfache Musikinstrumente.

Ein Gott mit dem Kopf eines Löwen

In den langen Wintermonaten, die auf die erfolgreiche Jagdexpedition folgten, schnitzte dann ein besonders begabter Höhlenbewohner – oder vielleicht war es auch eine besonders begabte Höhlenbewohnerin – aus einem etwa 30 cm großen Stück Elfenbein ein Kunstwerk, das mittlerweile als eine der ersten Kultstatuetten der Menschheitsgeschichte Berühmtheit erlangt hat. Der Körper ist der eines Menschen, der Kopf erinnert an eine Löwin, weshalb die Figur auch »Löwenmensch vom Hohlenstein-Stadel« genannt wird. Nach der vorherrschenden Meinung von Paläontologen und Archäologen handelt es sich bei dieser kleinen Figur um eine Götterdarstellung, genauer: um eine Gottheit in Tier- und Menschengestalt.

Aus religionsgeschichtlicher Perspektive ist das wenig überraschend. Denn quer durch die unterschiedlichen Kulturen gab es seit jeher eine Vielzahl von Tieren bzw. von Mensch-Tier-Mischwesen, die als Götter und Göttinnen verehrt wurden. Riesige Stiere mit Flügeln und Menschenköpfen bei den Assyrern, Chimären – halb Adler und halb Löwe – bei den Babyloniern, einen Löwen mit Menschengesicht bei den Ägyptern, einen Menschen mit Fischschwanz anstatt mit Füßen bei den Phöniziern, außerdem Athena als Eule, Hera mit Kuhaugen und Zeus als Stier oder als Adler bei den Griechen. Und selbst die Römer, die gegenüber Göttern in Tierkörpern eher kritisch eingestellt waren, wurden ihren Prinzipien immer wieder untreu und beteten dann genau solche Götter an.

In erster Linie aber spielten Tiere die wichtigste Rolle in der Religion der alten Ägypter. Die Göttin Hator wurde als Kuh dargestellt, Horus als Falke, Ptah als Stier, Bastet als Katze und den Schreibergott Thot stellte man sich als Ibis vor. Verehrt wurde dabei die jeweilige Gottheit in ihrer konkreten Tiergestalt, nicht das Tier selbst, wenngleich es durchaus üblich gewesen sein dürfte, den Tierarten, in deren Gestalt ein Gott oder eine Göttin verehrt wurde, hohes Ansehen entgegenzubringen und gewisse Privilegien zuzugestehen. Zumal die Identifikation von Gott und Tier über die nur äußere Gestalt hinausging: Häufig nämlich wurden den Gottheiten auch bestimmte Eigenschaften von Tieren zugeschrieben, ja, sie wurden sogar um dieser Eigenschaften willen verehrt. Tiergestalten konnten aber nicht nur eine Gottheit repräsentieren, im Alten Orient traten sie auch als Begleiter von Göttern in Erscheinung. So galt der Löwe als das Symboltier der kriegerischen Göttin Ishtar, der

Wettergott wurde von einem Stier getragen und der Sonnengott ritt auf einem Pferd.

Tiere als Repräsentation Gottes in der Bibel

In diesem Kulturraum sind die Schriften der Bibel entstanden und das Erstaunliche ist: Die enge Verbindung von Gott und Tier ist im Alten Testament grundsätzlich negativ besetzt. Ja, das Verbot, den eigenen Gott oder auch fremde Götter z.B. in Tiergestalt abzubilden, war ein Alleinstellungsmerkmal der jüdischen Religion in ihrer Umwelt. Das war so ungewöhnlich, dass römische Historiker mit Unverständnis von jenen Volksaufständen berichteten, die dadurch ausgelöst wurden, dass die Römer im Jerusalemer Tempel ihr Legionsfeldzeichen aufgestellt hatten, das üblicherweise einen Adler oder ein anderes Tier abbildete.

Allerdings zeigt das ausführliche Bilderverbot in Deuteronomium 4,16-18, dass in der Religionsgeschichte Israels die Ablehnung von tierischen Götterbildern nicht immer so eindeutig gewesen sein kann. Denn was nicht existiert, muss ja nicht verboten werden. Hier sind aber als mögliche Götterbilder Rind, Vogel und Fisch genannt. Tiere, die für die Lebensbereiche Land, Luft und Wasser stehen. Man darf darum vermuten, dass es zwischen der geforderten religiösen Haltung in der Theorie und dem Tun der Menschen in der Praxis eine massive Diskrepanz gegeben haben dürfte.

Wie massiv diese gewesen ist, zeigt die wohl bekannteste Textstelle im Zusammenhang mit dem biblischen Bilderverbot: die Erzählung vom goldenen Kalb (Ex 34).

Als Mose nach dem Auszug aus Ägypten auf dem Gipfel des Gottesberges weilt, um die Tafel mit den Zehn Geboten zu empfangen, bitten die Israeliten den Priester Aaron, ein Gottesbild anzufertigen. Gesagt, getan. Aaron sammelt Goldschmuck und gießt daraus ein Bildnis Gottes, das die Israeliten mit Tanz und orgiastischen Ritualen am Fuß des Gottesberges anbeten. Entgegen der verbreiteten Meinung dürfte es sich bei diesem Abguss eines Kalbs nicht um einen Gott der Ägypter, sondern um das Abbild des einen, einzigen Gottes Israels (Ex 32) gehandelt haben. Entsprechend wütend reagieren Gott und Mose. Letzterer zerstört schäumend vor Zorn die Statue, die Israeliten werden unbarmherzig bestraft und 3.000 Menschen hingerichtet.

Dennoch haben offenbar viele in Israel daran festgehalten, ihren Gott mit tierischen Attributen auszustatten. Denn wenn man der fiktiven biblischen Chronologie folgt, findet man ein paar Jahre später im Numeribuch (23,22 und 24,8) ein Glaubensbekenntnis, in dem es heißt, dass der Gott, der das Volk Israel aus Ägypten herausgeführt hat, »Hörner wie ein Wildstier« hatte. In Anlehnung an diese Vorstellung ließ der erste König des Nordreichs, Jerobeam I., in den beiden Staatsheiligtümern von Dan und Bethel jeweils ein Stierbild aufstellen, das den Gott Israels verkörpern sollte. JHWH, der Gott des Alten Testaments, den Jesus einmal als seinen Vater ansprechen würde, war nämlich ursprünglich ein Wettergott und wurde als solcher durch einen Stier bzw. zumindest mithilfe von Hörnern repräsentiert. Vermutlich sollten damit seine Stärke bzw. seine Kampfkraft und nicht so sehr seine Fruchtbarkeit zum Ausdruck gebracht werden. Die genaue Bedeutung dieser Bildgebung lässt sich heute nicht mehr mit Sicherheit erschließen. Feststeht aber, dass Archäologen zahlreiche Stierstatuetten gefunden haben, die als Kultgegenstände gedeutet werden können und aus einer Zeit stammen dürften, in der JHWH bereits als die einzige Gottheit Israels verehrt wurde. Es handelt sich bei diesen Figuren also sehr wahrscheinlich um Abbildungen des einen Gottes Israels und nicht um die einer fremden Gottheit.

Ein anderes Tier, für das es in den Texten des Alten Testamentes Belege gibt, dass es einen Gott repräsentierte, ist die Schlange. Sie wurde bis zur Zeit von König Hiskija (um 720 v. Chr.) im Jerusalemer Tempel mit Rauchopfern verehrt. Im Rahmen dieses Rituals gedachte man einer Episode während der Wüstenwanderung, bei der ausgerechnet eine Schlangengottheit für Abhilfe gegen eine Schlangenplage gesorgt haben soll (Num 21,6-9). Die Schlange erscheint in dieser Erzählung einerseits als Verkörperung von bösen, ja, dämonischen Mächten, andererseits als eine Göttin, die für Heilung und Schutz zuständig war.

Mischwesen

Darüber hinaus kennt die Bibel Mischwesen, die tierische und menschliche Anteile besitzen und als Engel oder sonstige Schutzgestalten in Erscheinung treten wie beispielsweise die Serafim und die Kerubim. Es sind geflügelte Wesen mit Attributen von Greifvögeln oder Schlangen, die Gott als Gefährten bzw. als Wächter begleiten. Und auch im Rahmen der Gottesmetaphorik treffen wir auf Tiere. So werden dem biblischen Gott häufig die Eigenschaften von Löwen und Geiern, aber auch die Qualitäten einer Bärin oder eines Leoparden zugesprochen.

Wirft man einen Blick auf die Entstehungsgeschichte dieser Texte, zeigt sich, dass es sich dabei um ältere Überlieferungen handelt, während ab dem 6./5. Jahrhundert v. Chr. die Tier-Vergleiche allmählich an Bedeutung verlieren. Mit der Entstehung eines exklusiven Monotheismus hatten die Tiere in der Sphäre Gottes nichts mehr verloren. Und als schließlich das Christentum die Bibel des Volkes Israel als Teil der eigenen heiligen Schriften übernahm, interpretierte man derartige Darstellungen negativ als Bilder, die dem Heidentum oder einem zu bekämpfenden Aberglauben zuzuordnen waren. Dabei ging man – wie man heute sagen könnte – recht »fahrlässig« vor und übersah die Rolle der Tiere in der eigenen genuin jüdischen bzw. christlichen Tradition.

Mischwesen wie Dämonen und Engel waren aber dennoch Teil der etablierten christlichen Glaubensvorstellungen, sie gehörten der Sphäre des Göttlichen an, verkörperten göttliche Eigenschaften und besaßen ganz offensichtlich Merkmale von Tieren. Insofern sind sie durchaus mit den Göttern der Ägypter vergleichbar, selbst wenn sie weder als allmächtig noch als ewig gedacht wurden. Und auch Gott selbst wird in vielen Psalmen, die in der christlichen Liturgie bis heute gebetet bzw. gesungen werden, als geflügeltes Wesen beschrieben, unter dessen Fittichen Menschen Schutz finden. Natürlich handelt es sich dabei um eine metaphorische Redeweise; der Beistand, den sich die Gläubigen erwarteten, war bzw. ist jedoch real.

Gott hat auch einen Vogel

Die Vorstellung von einem Gott mit Flügeln findet sich übrigens selbst im Neuen Testament wieder. Dort handelt es sich aber nicht um einen Geier wie in den hebräischen Psalmen, sondern um eine Taube, die zum Sinnbild per excellence für den Geist Gottes avanciert. Der Vogel kann hier gewissermaßen als spezielle Form der Gegenwart Gottes gedacht werden, der – selbst im Letzten unbegreiflich und größer als jede menschliche Vorstellung – in Tiergestalt für die Menschen sichtbar wird. Zwar unterscheidet sich die Taube vom goldenen Kalb insofern, als sie nie als Kultobjekt angebetet worden ist, dennoch ist sie in der religiösen Kunst des Christentums omnipräsent. Im Petersdom, genauer: in einem Fenster oberhalb des Altars, an dem der Papst üblicherweise den Gottesdienst feiert, schwebt jene Taube, die der berühmte Künstler Bernini als Glasmalerei angefertigt hat. Jeden Tag knien zahlreiche Pilger vor diesem Bildnis, zünden Kerzen an und bitten um Fürsprache. In ihrer theologischen Funktion ähnelt die christliche Taube in der Tat den ägyptischen Göttern in Tiergestalt: Sie verkörpert eine verborgene, eigentlich gar nicht darstellbare Macht, die dennoch im Körper eines Tieres nahbar wird.

Die Taube ist aber nicht das einzige Tier, das im Neuen Testament als Gottesbild in Erscheinung tritt und in der Folge in vielen Kirchen und Kathedralen abgebildet und angebetet werden sollte: Es ist das Lamm, das keinen Geringeren als Jesus selbst symbolisiert. Im Rahmen einer Metapher kommt das Lamm zum ersten Mal bei der Taufe Jesu vor, wenn Johannes der Täufer seinen Cousin als »Lamm Gottes« (Joh 1,36) identifiziert. Später wird das Bild im Buch der Offenbarung wiederaufgenommen, wo der Seher ausführlich die himmlische Liturgie beschreibt, genauer Jesus, der als Lamm anwesend ist und von den Gläubigen verehrt wird (Off 5,14).

Selbstverständlich hat man im Lauf der Jahrhunderte viel über die Funktion solcher Metaphern gestritten. So gab es in der Zeit des logischen Empirismus Philosophen, die Metaphern als bloße rhetorische Ornamente, als Verzierungen ohne jede Bedeutung gesehen haben. Panmetaphorizisten dagegen argumentierten, dass religiöses Sprechen immer metaphorisch sein muss. Plausibler als diese beiden Extreme dürfte dagegen unsere Alltagsintuition sein, die Metaphern eine gewisse explanatorische Funktion zugesteht. Das bedeutet, dass mit ihnen etwas erklärt wird, was sich ansonsten nicht (so gut) ausdrücken lassen würde. Ähnlich, wie wir also aus der Metapher »Gott ist unser Vater« den Schluss ziehen, dass Gott sich für unser Leben interessiert und wir uns vertrauensvoll an ihn wenden dürfen, können bzw. sollen wir – als »gute« Christen – überlegen, was es bedeutet, wenn der Heilige Geist als Taube und Jesus als Lamm verkörpert werden.

* * *

Auch wenn es auf den ersten Blick irritierend wirken mag, sind Taube und Lamm reale Repräsentationen des christlichen Gottes. Insofern unterscheidet sich das Christentum also nicht wesentlich von all den anderen Religionen, die von der Antike bis in die Gegenwart das Göttliche mithilfe von Tiergestalten zum Ausdruck gebracht haben. Vielleicht könnte diese Erkenntnis Anlass dafür sein zu hinterfragen, ob es wirklich angemessen ist, dass wir Menschen uns den Tieren so sehr und in so vielem überlegen fühlen?

13.

Jagen, fischen und opfern: das Fleisch der Tiere

Wer heutzutage in der katholischen Kirche zum Bischof geweiht wird, bekommt im Rahmen der Feierlichkeiten ein Pergamentstück überreicht, auf dem die bischöfliche Genealogie – also die Reihenfolge der Vorgängerbischöfe – verzeichnet ist. Nach der Lehre der katholischen Kirche ist die bischöfliche Würde nämlich von Jesus an die Apostel übergeben worden. Der frisch gebackene Bischof steht daher in einer ununterbrochenen Reihe von Vorgängern, in der Sukzessionslinie. Ein schöner Gedanke, der allerdings einen Haken hat: Die Genealogie für alle heute amtierenden Bischöfe reicht de facto lediglich bis zu Kardinal Scipione Rebiba zurück, der 1577 verstarb. Die Quellen aus der Zeit davor sind leider nicht mehr erhalten.

Der älteste Bruder Jesu: ein Vegetarier

Aber auch wenn nicht jeder Name in der Sukzessionslinie bekannt ist, ist die Kontinuität der bischöflichen Weihe in der katholischen Kirche sehr alt. So bemühte sich schon Hegesipp, – ein konvertierter Jude, der im 2. Jahrhundert lebte und als einer der Ersten gilt, die sich bemühten, die Geschichte der jungen Kirche schriftlich festzuhalten –, nachzuweisen, dass es eine ununterbrochene Linie in der bischöflichen Reihenfolge gebe, die bis zu den Ursprüngen der Kirche in Jerusalem nach der Auferstehung Jesu reicht. Bei Hegesipp finden sich auch Textpassagen, in denen er über einen der ersten Vorsteher dieser christlichen Gemeinde berichtet: über Jakobus.

Dieser Mann war kein Geringerer als der ältere Bruder Jesu. Im Unterschied zu seinem jüngeren Bruder,

der gerne Wein trank, Fisch und – immer wieder auch – Fleisch aß, soll sich Jakobus vegetarisch ernährt, keinen Alkohol getrunken und überhaupt einen asketischen Lebensstil gepflegt haben. Er dürfte, so die Überlieferung, ein sogenannter »Nasiräer« gewesen sein, ein Angehöriger einer Gruppe im Judentum also, deren Mitglieder einen Eid leisteten und sich damit zu einer asketischen Lebensführung verpflichteten.

Aber auch wer zur Zeit der frühen Christen diesen Eid nicht geleistet hatte, wird nur selten Fleisch gegessen haben. Jakobus dürfte darum keineswegs der einzige Vegetarier in den ersten Gemeinden der Jesusnachfolger gewesen sein. Das lag in erster Linie daran, dass es damals auf die Frage nach der täglichen Nahrung für die breite Masse nur wenige Antwortmöglichkeiten gab. Die meisten Menschen waren arm. Ihnen stand nur eine kleine Auswahl für sie erschwinglicher Nahrungsmittel zur Verfügung, dazu gehörten Getreide, Gemüse, Olivenöl und Brotfladen. Fleisch konnten sie sich schlichtweg nicht leisten, denn es war sehr teuer: Da die Aufzucht von Nutztieren in der kargen und unwirtlichen Gegend Judäas aufwändig war, gab es bis auf eine Ausnahme, von der gleich noch die Rede sein wird, nicht wie heute eine Massentierhaltung. Vieh hatte man nicht, um es zu mästen, zu schlachten und zu essen, sondern nutzte es lieber als Lieferant von Milch und Wolle.

Dennoch gab es eine Diskussion darüber, ob Christen Fleisch essen dürfen oder nicht. So gab der Apostel Paulus den Mitgliedern der Gemeinde von Rom folgende Empfehlung: »Es ist besser, du isst kein Fleisch und trinkst keinen Wein und tust nichts, woran dein

Bruder Anstoß nimmt« (Röm 14,21). Im Hintergrund steht hier allerdings eine Besonderheit: Bei dem Fleisch, von dem hier die Rede ist, handelt es sich nicht um solches, das man beim Metzger kauft, sondern um Opferfleisch. Das Töten von Tieren war damals nämlich eine rituelle, zur Ehre von Göttern durchgeführte Handlung. Teile der getöteten Tiere wurden den Göttern geopfert, indem sie auf dem Altar verbrannt wurden. Andere Teile wurden aber den Priestern gespendet, verkauft, an die Bedürftigen verteilt oder bei Opferfesten gemeinschaftlich verspeist. Da die Christen keinen eigenen Schlachtaltar hatten, war vor diesem Hintergrund Fleischkonsum für sie grundsätzlich problematisch: Sie konnten nie sicher sein, ob das Fleisch, das angeboten wurde, nicht aus einer Opferhandlung für einen heidnischen Gott stammte und sein Verzehr darum de facto einer Art Götzendienst gleichkam. Der von Paulus empfohlene Vegetarismus war daher eine religiös begründete Vorsichtsmaßnahme.

Eine Vorsichtmaßnahme, die auch im Alten Testament überliefert ist. So weigerte sich etwa der junge Daniel am Hof Nebukadnezars, von den Fleischspeisen des Königs zu essen, und erbat Gemüse, weil er nicht sicher sein konnte, ob das Fleisch, das man ihm anbot, aus einem Opferritual für eine fremde Gottheit stammte. Als Jude hatte Daniel obendrein noch das Problem, dass er lediglich »reine« Tiere essen durfte (Dan 1,12-14) und diese jüdischen Speisegesetze am Hof des Königs natürlich unbekannt waren.

Aber auch unabhängig von der in der jüdischen Herkunft des Christentums begründeten Problematik des Götzenopferfleisches war einigen Christen der Fleischgenuss überhaupt suspekt. So liest man etwa beim Kirchenvater Hieronymus gegen Ende des 4. Jahrhunderts: »Erst seit der Sintflut hat man uns die Fasern, die stinkenden Säfte des Fleisches, in den Mund gestopft!« Hieronymus erinnert hier daran, dass die Bibel in ihren Schöpfungserzählungen zunächst eine fleischlose Ernährung aller Lebewesen vorsieht. Im Garten Eden ernähren sich Adam und Eva sogar ausschließlich vegan. »Sehet, ich habe euch alle Pflanzen gegeben, die Samen tragen, auf der ganzen Erde. Und alle Bäume mit Früchten, die Samen tragen, zu eurer Speise«, erklärt ihnen Gott unmittelbar nach der Schöpfung (Gen 1,26).

Erst in Folge des Sündenfalls erlaubt Gott den Menschen das Töten und das Verzehren von Tieren. Seitdem wird in der Bibel weitgehend unhinterfragt davon erzählt, dass Tiere zu Nahrungszwecken getötet werden, und zwar insbesondere im Zusammenhang mit Gastgelagen. Je reicher die Gastgeber waren, desto mehr Fleisch wurde angeboten. Ein besonders ausschweifender Lebensstil wird dabei König Salomo nachgesagt, selbst wenn die Autoren des entsprechenden Textes die Übertreibung bewusst als Stilmittel eingesetzt und natürlich vom Bedarf des ganzen Hofes gesprochen haben dürften. »Der tägliche Bedarf Salomos betrug [...], zehn fette Rinder und zwanzig Weide-Rinder und hundert Schafe ohne die Hirsche und Gazellen und Damhirsche und die gemästeten Vögel«, liest man im ersten Buch der Könige (1 Kön 5,2-3).

Konsequente Askese mit völligem Fleischverzicht gab es im Christentum später nur in kleinen Gruppierungen, und diese wurden oft der Ketzerei bezichtigt. Im Alten Testament finden sich einzelne Proteste gegen Fleischverzehr bei den Propheten. Diese motivierte aber weniger das Wohl der Tiere und das Leid des Schlachtviehs zur Opposition. Sie kritisierten unerlaubte Kulthandlungen, Maßlosigkeit und Völlerei. Im Hintergrund steht dabei eine verkehrte Opferpraxis vor allem am Tempel in Jerusalem.

Alleskönner Tieropfer

Die größte Menge an für den Verzehr bestimmten Tierprodukten wurde in der Antike, davon war schon kurz die Rede, durch die weitverbreitete Praxis des Tieropfers gewonnen. Zumindest in der Theorie war die Schlachtung nämlich eine rein kultische Handlung, die an lokalen Heiligtümern durchgeführt wurde. Das war im Judentum nicht anders als in seinem nichtjüdischen Umfeld.

Im Judentum kam aber vom 5. Jahrhundert v. Chr. bis zu seiner Zerstörung durch die Römer im Jahr 70 n. Chr. dem Tempel in Jerusalem eine privilegierte Rolle zu. Die Jerusalemer Priesterschaft war damals nicht nur für die korrekte Darbringung des Opfers, sondern auch bzw. vor allem für die kultisch korrekte Schlachtung und Vorbereitung des Opfertieres zuständig. Wie in der restlichen altorientalischen Welt auch waren im alten Israel Priester und Metzger also gewissermaßen ein einziger Beruf.

Mit dem Bau des zweiten Tempels nach dem babylonischen Exil und mit der darauffolgenden massiven Erweiterung des Tempelareals in der Zeit von Herodes dem Großen entstand in Jerusalem eine einmalige Kultstruktur. Neben der beeindruckenden Architektur, die den Jerusalemer Tempel zum größten Heiligtum des Mittelmeerraumes machte, erfüllte die gewaltige Anlage ganz wesentlich auch eine wirtschaftliche Funktion.

Dies ging auf Kosten der Opfertiere, die zu Tausenden auf Zuchthöfen in der weiteren Umgebung um Jerusalem herangezogen und bereitgestellt wurden. Man kann in diesen Anlagen einen ersten Beleg für Massentierhaltung in der antiken Welt sehen. Sie wurde notwendig, weil einerseits die Stadtbevölkerung zahlreicher geworden war und andererseits die Pilgerströme zum Zentralheiligtum stärker wurden. Zudem hatte man die Reinheitsvorschriften deutlich verschärft. Man brauchte also immer mehr Opfertiere in allerbester, für ein korrektes Opfer tauglicher Qualität. Diese Tiere mussten nach einem ausgeklügelten und effizienten System gezüchtet, gehalten, gemästet und schließlich geschlachtet werden.

Denn die Gläubigen, die nach Jerusalem pilgerten, brachten ihre Opfertiere selten selbst mit. Sie kauften die Tauben, Ziegen, Schafe und Rinder direkt am Tempel, ließen sie schlachten und verteilten das Fleisch dann den Vorschriften entsprechend auf das Tempelpersonal, welches seinen Anteil entweder selbst verzehrte oder weiterverkaufte. Was übrig war, nahmen die Opfernden mit nach Hause. Diese Praxis machte den Verkauf von Fleisch zur Haupteinnahmequelle des Tempels. Und das galt nicht nur für Jerusalem, sondern auch für die anderen Tempel im Römischen Reich.

Gerade vor diesem Hintergrund brachte die neue Religion des Christentums eine radikale Veränderung mit sich. Plinius, der amtierende Statthalter der Provinz Bithynien in Kleinasien, beklagt in einem Brief an Kaiser Traian aus dem Jahre 112, dass die Christen kaum Fleisch, vor allem aber kein Opferfleisch von heidnischen Tempeln essen. Das Konsumverhalten veränderte sich und je mehr Anhänger das Christentum hatte, umso schwerer wurde es für zahlreiche Tempeleinrichtungen, ihre Fleischbestände zu verkaufen, was wiederum massive wirtschaftliche Probleme für die ganze Provinz mit sich bringen konnte. Damals wie heute war der Fleischkonsum also ein äußerst wichtiger Wirtschaftsfaktor, der ungeachtet des Leids von Millionen von Tieren vorangetrieben wurde.

Gefährliche Jagd und ertragreicher Fischfang

Opfertiere wurden gezielt gezüchtet. Anders als heute, wo die Jagd gerade auch unter jungen Leuten ein Revival feiert, wurde im alten Israel dagegen nicht oder nur wenig gejagt, um das Fleisch der Wildtiere zu verzehren oder um sich mit ihren Trophäen zu schmücken. Die Jagd galt einfach als zu gefährlich und sehr viele Wildtiere galten zudem als unrein. Panther, Hyänen, Wildschweine, Wildesel, Füchse, Löwen, Bären, Schakale, Straußenvögel, Eulen und Raben kamen als Jagdbeute nicht in Frage.

Aus Ägypten und dem mesopotamischen Raum dagegen sind zahlreiche Reliefs und Rollsiegel mit Jagdszenen erhalten, die einerseits der Verherrlichung der jeweiligen Könige in ihrer Eigenschaft als erfolgreiche Jäger dienten, andererseits aber auch die Nahrungsbeschaffung thematisierten. In der Bibel ist von der Jagd selten die Rede. Implizit spielt sie aber im Konflikt zwischen Esau und Jakob eine Rolle. Diese Geschichte erinnert vielleicht aber auch an den alten Konflikt zwischen Hirten- und Jägerkulturen. Laut Genesis 10,9 feierte der große Nimrud, der erste Jäger der Geschichte, beachtliche Erfolge im Kampf gegen die wilden Tiere; nach ihm galten Simson und David als erfolgreiche Jäger. Als Jagdwaffen kamen Lanzen, Pfeil und Bogen, aber auch Steinschleudern, die vor allem dazu eingesetzt wurden, Vögel zu erlegen, zum Einsatz. Außerdem stellte man Fallen auf, hob Gruben aus und steinigte die Tiere, die hineingestürzt waren (Klgl 3,53). Im ersten nachchristlichen Jahrhundert berichtet Josephus Flavius in seinem Werk »Der Jüdische Krieg« von einer Jagdexpedition, bei der König Herodes auf einem Pferd geritten sein soll, was damals eher unüblich war.

Aber auch wenn es einzelne prominente Männer gab, die der Jagd frönten, gelang es den Jägern nicht, sich als »richtiger« Berufsstand in der Welt der Bibel zu etablieren.

Anders war das bei den Fischern, die sogar in kleinen Familienbetrieben organisiert waren, wie beispielsweise Zebedäus und seine Söhne Jakobus und Johannes, die später Jünger Jesu werden sollten. Die Fischerei war z.B. am See Genezareth ein bedeutender Wirtschaftszweig. Da Flüsse, Seen und das Meer obendrein fischreich waren, dürften Fische gerade für arme Menschen eine wichtige Proteinquelle gewesen sein, was auch daran deutlich wird, dass es in Jerusalem ein »Fischtor« (Ez 29,4-5) gab, wo u.a. gepökelter oder getrockneter Fisch aus der Hafenstadt Tyrus verkauft wurde (Neh 13,16). Erstaunlich dabei: Die Bibel kennt viele verschiedene Fachwörter aus dem Bereich der Fischerei. Netzarten wie Schleppnetz, Wurf- und Rundnetz werden unterschieden. Beschrieben werden darüber hinaus das Ausbringen, Waschen, Trocknen und Ausbessern der Netze nach dem Fischfang sowie das Angeln mit Fischharpunen. Aber im Unterschied zur ägyptischen Sprache gibt es im Hebräischen keine Unterscheidung bestimmter Fischarten. Selbst im Neuen Testament, dessen Erzählungen sich weitgehend am See Genezareth abspielen, ist lediglich von »großen« und »kleinen« Fischen die Rede. Sofern diese Schuppen und Flossen besitzen, sind sie rein und durften folglich gegessen werden.

* * *

Tierethische Überlegungen, die das Leid der gemästeten und geschlachteten Tiere thematisieren, finden sich in den biblischen Schriften nicht. In den Gesetzestexten, den Erzählungen und der Poesie wird selbstverständlich vorausgesetzt, dass Menschen Tiere töten und ihr Fleisch verzehren. Klar ist aber auch, dass die paradiesische Situation, in der die gesamte Schöpfung in Frieden lebte, nur dann erreicht werden kann, wenn die ursprüngliche Situation vom Garten Eden wiederhergestellt wird. Damals nämlich war in der Wahrnehmung der Bibel das Verhältnis zwischen Menschen und Tieren noch nicht durch den Sündenfall gestört, Adam und Eva ernährten sich vegan. Das eschatologische Bild der messianischen Endzeit geht sogar noch einen Schritt weiter: In der Vision des Propheten Jesaja verzichten nicht nur die Menschen darauf, Tieren Gewalt anzutun; selbst die Raubtiere sind nun Vegetarier und es wird Löwen geben, die »Stroh fressen« (Jes 1,6-8).

14.

Bienen, Heuschrecken und andere »vierbeinige« Insekten

Die Bibel zählt die Insekten zu den *nephesch chajjah,* was man etwas frei als »Lebewesen« übersetzen könnte. Sie sind also Tiere. Das erste Wort dieser zusammengesetzten Bezeichnung – *nephesch* – wird üblicherweise mit »Seele« wiedergegeben, was in diesem Fall etwas verwirrend ist, klingt doch der christliche Seelenbegriff mit an. Dieser ist im Hebräischen allerdings sicher nicht intendiert. Vielmehr werden mit dem Wort *nephesch* Wesen bezeichnet, die im Unterschied zur unbelebten Natur ein Streben aufweisen und Interesse am eigenen Überleben haben. Die Bezeichnung *nephesch chajjah* wird dem entsprechend schon in der Schöpfungserzählung (Gen 1,20-24) in einer kollektiven Bedeutung verwendet, ohne dass die biblischen Autoren ein Interesse daran hätten, auf inhaltlicher oder auf sprachlicher Ebene eine zoologische Systematik zu entwickeln.

Kriechende Tiere in der Bibel

So haben auch die seit der Neuzeit gebräuchlichen Speziesbezeichnungen »Säugetier«, »Reptil«, »Vogel« usw. im Hebräischen keine Entsprechung. Gemäß dem Wissensstand des 6./5. Jahrhundert v. Chr. werden die Tiere in der Bibel je nach ihrer Fortbewegungsart in vier Gruppen eingeteilt – gehend, kriechend, schwimmend und fliegend – und außerdem einem Lebensraum – Wasser, Luft und Land – zugewiesen. Bei den Vierbeinern, die am Boden gehen, unterschied man noch Kulturtiere und Wildtiere bzw. Tiere des Landes, daneben kannte man fliegende Tiere, kriechende Tiere und Tiere, die sich im Wasser fortbewegen.

Die Insekten – oder besser: sämtliche kleinen Tiere, die am Boden kriechen, aber auch Flügel haben – spielen in erster Linie bei den Speisevorschriften der Bücher Levitikus (Lev 11,20-23) und Deuteronomium (Dtn 14,19-20) eine Rolle. Im Deuteronomium gelten sie allgemein als unrein und dürfen daher nicht gegessen werden; das Buch Levitikus nimmt dagegen einige Insektenarten genauer unter die Lupe, was später noch erläutert werden soll. Ganz allgemein lässt sich feststellen, dass man im Alten Testament 18 verschiedene Arten von Insekten unterscheidet. Da sie meist mit den Ausdrücken »fliegendes« oder »kriechendes Kleingetier« umschrieben werden, fallen darunter auch Skorpione, Spinnen, Würmer sowie unterschiedliche Eidechsenarten, die wir heute nicht mehr zu den Insekten rechnen.

Von den in der modernen Zoologie als Insekten klassifizierten Tieren kennt die Hebräische Bibel neben den Bienen und Wespen lediglich die Ameisen, Stechfliegen bzw. Stechmücken, Maden, Motten, Läuse, Hornissen, Flöhe, Stubenfliegen, Bremsen sowie eine Vielzahl an unterschiedlichen Heuschreckenarten. Käfer krabbeln zwar in der Übersetzung von Martin Luther herum, nicht jedoch im hebräischen Originaltext. Trotzdem weiß man dank der zahlreichen erhaltenen Siegelamulette in Käferform, dass diese in der biblischen Umwelt sehr wohl eine Rolle gespielt haben. Die Ameise hat ihren großen Auftritt in den Weisheitsschriften (Spr 30,25; 6,6-8), wobei es hier – wie bei allen anderen Vorkommen – nicht um die konkrete Ameise geht, sondern um die Eigenschaften, die mit ihr assoziiert werden. Ameisen galten nämlich als fleißig, schlau, kräftig und weise, als Trägerinnen wichtiger Tugenden also, die man ihnen übrigens auch in der außerbiblischen Literatur zusprach, von der Antike bis zu La Fontaine in der Neuzeit *(Die Grille und die Ameise)*.

Augenmerk finden in der Bibel auch die Bienen, wobei die »*debora*« insgesamt fünfmal als Tier und zehnmal als Frauenname vorkommt. Sofern ein konkretes Insekt bezeichnet wird, erfährt man, dass die Biene angriffslustig ist und im Schwarm das Leben eines Menschen bedrohen kann (Dtn 1,44; Jes 7,18). Bienen können aber auch Leben retten: Johannes der Täufer beispielsweise soll sich in der Wüste (beinahe) ausschließlich vom Honig der Wildbienen ernährt haben. Jonathan, der Sohn von König Saul, dagegen wird bestraft, weil er sich an einem Tag, den der König zum Fastentag ausgerufen hatte, an den Honigwaben wilder Bienen labt (1 Sam 14,24-27). Archäologen konnten inzwischen tatsächlich zeigen, dass sich ab dem 10. Jahrhundert v. Chr. die Bienenzucht im Land der Bibel etabliert haben dürfte. Aus dieser Zeit nämlich stammen immerhin 30 aus Lehm und Stroh gebaute Bienenstöcke, die im Norden des heutigen Israel bei Grabungen entdeckt wurden.

Ebenfalls zum Alltag gehörten in biblischer Zeit selbstverständlich die Fliegen und Mücken. So erfahren wir in der Erzählung von Judith und Holofernes, dass sich der Führer des persischen Heeres mit einem Mückennetz vor den Quälgeistern schützte (Jdt 10,21). Den Ägyptern dagegen konnte auch kein Insektennetz helfen. Denn beim Auftreten der dritten und vierten Plage (Ex 8,12-28), die Gott sandte, um den Pharao davon zu überzeugen, die Israeliten aus der Sklaverei zu entlassen, wurden sie von verschiedenen Fliegenarten traktiert, von denen es heißt, dass sie in großer Menge auftraten, Mensch und Vieh umschwärmten, stachen, ihnen das Blut aussaugten und gewaltige Schmerzen verursachten. Nicht von Gott geschickt, aber trotzdem lästig waren selbstverständlich die Flöhe. In der Bibel kommen sie metaphorisch als Bild für einen unbedeutenden, aber schwer zu bezwingenden Gegner vor. So bezeichnet sich David während seines Kampfes gegen Saul selbst als Floh (1 Sam 24,15; 1 Sam 26,20). Tatsächlich war David zum damaligen Zeitpunkt und im Vergleich zu Saul klein an Macht. Aber er gab nicht auf und brachte den alten König damit in ernsthafte Schwierigkeiten.

Ein ähnlich schlechtes Renommee wie der Floh hatte die Made, also die Larve der zweiflügeligen Fliege. Mit ihr assoziierte man Vergänglichkeit, Unbeholfenheit und Hinfälligkeit (Sir 42,13; Jes 50,9). In der Erzählung von der Wüstenwanderung (Ex 16,24) und im Buch Ijob (Ijob 7,5) wird außerdem die Alltagsbeobachtung festgehalten, dass Maden Lebensmittel und Menschen befallen. Neben der Made fürchtete man auch die Motte, die typischerweise Kleider zernagte und auf diese Weise erheblichen Schaden verursachen konnte. Als lästiger Schädling erlangte sie den zweifelhaften Ruhm, von Jesus zweimal im Rahmen eines Gleichnisses verwendet zu werden (Mt 6,19f; Lk 12,33).

Heuschrecken mit vier Füßen

Das in der Bibel mit Abstand am häufigsten erwähnte Insekt ist aber die Heuschrecke. Das Hebräische kennt mindestens zehn verschiedene Bezeichnungen für dieses Tierchen bzw. für seine Entwicklungsstufen. Mehrfach werden die Wüsten- oder Wanderheuschrecken im ausgewachsenen, geflügelten Stadium genannt. Sie bewegen sich im Schwarm (Am 7,1-3; Nah 3,17; Jes 33,4) und stellen für die Landwirtschaft eine große Gefahr dar, weil sie alles, was grün ist, in kürzester Zeit verzehren (Am 4,9; Ps 105,34) und auf diese Weise sogar Hungersnöte verursachen können. Besonders eindrucksvoll skizziert Joel 1,4 die verheerende Wirkung einer Heuschreckenplage. Mit insgesamt vier Begriffen beschreibt das prophetische Büchlein die verschiedenen Entwicklungsstadien der Heuschreckenlarve und interpretiert deren zerstörerische Kraft als Zeichen des göttlichen Gerichtes.

Man kannte in biblischen Zeiten die Heuschrecke und die Not, die dieses Tier, wenn es im Schwarm auftrat, verursachen konnte, also sehr gut. Dennoch macht das Tier auf der Ebene der Textinterpretation einige Probleme, und zwar im Hinblick auf die Speisevorschriften des Buches Levitikus, einem der zentralsten Texte der hebräischen Bibel. Obwohl nämlich die biblischen Autoren im Normalfall sehr aufmerksame Naturbeobachter waren, fällt die Beschreibung der »reinen« und somit essbaren Insekten hier reichlich ungenau aus. Was nach den Kriterien der modernen Zoologie als Insekt gelten will, muss über einen klaren Körperaufbau verfügen und darf weder Wirbelsäule noch Skelett besitzen. Ein Insekt ist dreigliedrig, bestehend aus Kopf, Brust und Hinterleib, wobei die Brust die sechs Laufbeine und bei den geflügelten Insekten auch die beiden Flügelpaare trägt. Auch wenn Beine und Flügel bei den verschiedenen Insekten unterschiedlich ausgeprägt sein können, zeigen sie doch stets denselben Grundaufbau. Sie bestehen aus einer Hüfte, einem Schenkelring, einem Oberschenkel, einer Schiene sowie einem Abschluss, der im normalen Fall weitere Glieder aufweist, die vor allem dem Festhalten an verschiedenen Oberflächen dienen. Und auch hier gilt: Auch wenn die Beine der Insekten von Art zu Art unterschiedlich sein können, die Anzahl beträgt ausnahmslos sechs.

Dass Insekten (immer) sechs Beine haben, wussten offenbar bereits die Verfasser der Bibel, denn sie halten im Allgemeinen genau daran fest. Eine Ausnahme stellt allerdings das elfte Kapitel des Buches Levitikus dar, das von geflügelten Insekten spricht, die allerdings nicht sechs Beine, sondern vier Füße haben. Insekten besitzen aber keine Füße, und selbst wenn man die Füße als Beine deuten wollte, müssten es zumindest sechs Füße sein. Wie also konnte den biblischen Autoren ein derart grober Fehler unterlaufen?

Auf der Suche nach des Rätsels Lösung lässt sich zunächst festhalten, dass im Originaltext von Lev 11,20 lediglich die Formulierung »auf vier gehend« vorkommt. Zumindest das Nomen »Fuß« muss also infolge von Übersetzungstätigkeit eingefügt worden sein. Diese Beobachtung ist zunächst deshalb von Bedeutung, weil nur solche »auf vier gehenden« und »mit Unterschenkeln oberhalb der Füße« versehenen Insekten als »rein« galten und gegessen werden durften. Der biblische Text wird in seiner Beschreibung aber durchaus noch präziser, heißt es doch, es gehe um ein hüpfendes Tierchen mit *regel* und *chara'*. *Regel* wird üblicherweise mit »Fuß« übersetzt, *chara'* bezeichnet den Teil des Beins unterhalb des Knies, also eine Art Unterschenkel. In Vers 22 werden dann die vier in Frage kommende Insekten benannt: Es sind Heuschreckenarten, die wir heute mit Sicherheit identifizieren können und von denen es ausdrücklich heißt, dass sie zum Verzehr geeignet sind, während alle anderen Insekten mit vier Füßen (*regel*) nicht gegessen werden dürfen.

Wie kann es also sein, dass Autoren, die die Natur so genau beobachten und beschreiben, dass es selbst moderne Biologen erstaunen muss, zugleich einen derart offensichtlichen Fehler machen? Wie bereits angemerkt, klassifiziert die Hebräische Bibel die unterschiedlichen Tiere nicht nur nach ihrem Lebensraum, sondern vor allem nach ihrer Bewegungsart. Entscheidend ist dabei stets die Frage, ob diese Bewegung »korrekt« ist, also den Erwartungen entspricht, die der menschliche Beobachter an die jeweilige Spezies hat. Eine »unnatürliche« Bewegungsart dagegen ist in manchen Fällen sogar Grund, die jeweilige Tierart als unrein anzusehen. Mit den rätselhaften Insekten, die »auf allen Vieren« gehen, dürften folglich nicht Tierchen gemeint sein, die vier Beine haben, sondern Insekten, die sich fortbewegen, als ob sie vierbeinige Tiere wären, und sich daher außerhalb der vermeintlich natürlichen und korrekten Ordnung der Natur stellen. Bienen, Hornissen, Fliegen, Wespen und Ameisen bewegen sich nämlich trotz ihrer sechs Beine – immer oder zumindest fallweise – wie vierbeinige Tiere und gelten in der Bibel daher als unrein.

Andere Insekten, wie zum Beispiel bestimmte Heuschreckenarten, sind mit zwei Sprungbeinen ausgestattet und bewegen sich daher anders. Da die Sprungbeine sich auch optisch von den anderen Beinen unterscheiden, konnte der Eindruck entstehen, dass diese Tierchen lediglich vier normale »Füße« besitzen, mit denen sie sich wie die anderen Insekten fortbewegen können. Damit aber werden aus unreinen Tieren reine Tiere. Die vier Beine zum Gehen werden *regel* genannt, die zwei zum Springen *chara'*. Sofern man das berücksichtigt, wird deutlich, dass der biblische Text in seiner hebräischen Originalfassung eben gerade nicht grob falsch ist, weil er von Insekten mit nur vier Füßen spricht, sondern im Gegenteil sehr präzise. Mittels genauer Beobachtung sollte sichergestellt werden, dass die äußerst wichtigen Vorschriften zur rituellen Reinheit der Speisen genau angewendet werden konnten. Wie so oft entsteht das Problem erst bei der Übersetzung, und zwar mit der lateinischen Vulgata, die – vermutlich ohne groß zu reflektieren – die *quattuor pedes* (»vier Füße«), also Insekten mit vier Füßen, einführt.

* * *

Auch wenn die biblischen Autoren wussten, dass Insekten sechs Beine haben, bereitete ihnen die Heuschrecke doch einiges an Kopfzerbrechen. Schlussendlich fand man eine Lösung. Man definierte jene vier Arten, die sich »auf vier gehend« fortbewegten und insofern alles »richtig« machten, als rein. Damit aber gelang es der Heuschrecke, frittiert oder geröstet, zu einer Delikatesse der altorientalischen Welt zu werden.

15.

Animalische Leidenschaft

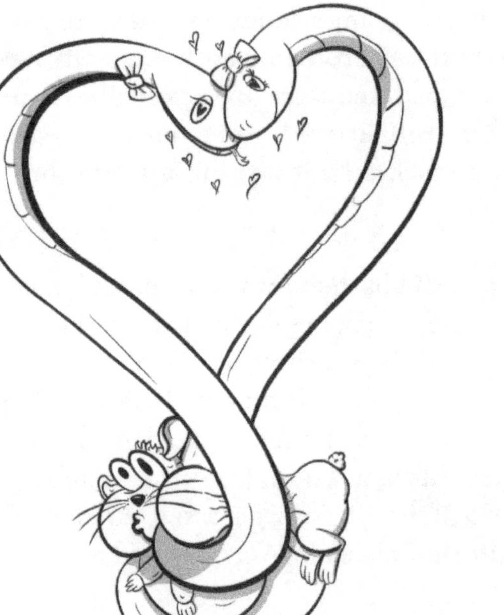

Wenngleich heute meist von »Zoophilie« gesprochen wird, wenn es um sexuelle Handlungen zwischen Mensch und Tier geht, kennt die deutsche Sprache auch eine ältere, mittlerweile nicht mehr gebräuchliche Bezeichnung dafür: »Sodomie«. Die Wortbildung bezieht sich auf die biblische Stadt Sodom, die – wenngleich klare Belege dafür fehlen – am südlichen Ufer des Toten Meeres lokalisiert wird. Sodom kommt im Buch Genesis vor und ist berühmt-berüchtigt für das lasterhafte und ausschweifende Leben seiner Bewohner. Der Erzählung nach wird die Stadt von Gott mit Schwefel und Feuer vernichtet (Gen 19).

Da der biblische Text aber nicht eindeutig angibt, welche »sündhaften Taten« die Einwohner von Sodom begangen haben, wurde das Wort »Sodomie« im Lauf seiner Wirkungsgeschichte sehr breit im Sinn von »widernatürlicher Unzucht« gebraucht, ja, eine Zeit lang fiel sogar der Geschlechtsverkehr zwischen Christen und Nichtchristen darunter. Später wurden Unterscheidungen vorgenommen, der Ausdruck »Sodomie« blieb für die männliche Homosexualität reserviert, während man im Fall von sexuellen Handlungen mit Tieren von »Bestialität« sprach. Die begrifflichen Differenzierungen zur Bezeichnung unerwünschten Sexualverhaltens dienten im Lauf der Kirchengeschichte vor allem dazu, das Strafmaß für das jeweilige Fehlverhalten festlegen zu können, wobei bei einem sexuellen Kontakt zwischen Menschen und Tieren der Mensch stets aktiv als Täter, das Tier dagegen passiv als Opfer gesehen wurde.

Damit unterscheidet sich die christliche Perspektive auf das Thema klar vom antiken altorientalischen Denken, aber auch von den Vorstellungen der Ägypter, Griechen und Römer. Aus diesen Kulturkreisen überlieferte Geschichten handeln häufig von der Liebe eines Tieres bzw. einer in Tierform auftretenden Gottheit zu einem menschlichen Wesen. Als Stier etwa entführt Zeus das schöne Mädchen Europa, als Schwan nähert er sich der jungen Leda, und seine homoerotische Beziehung zu dem anmutigen jungen Ganymed vollzieht der Gott in Gestalt eines Adlers.

Es handelte sich bei diesem Liebeswerben in Tiergestalt um eine in der antiken Mythologie gängige Art und Weise, wie ein Gott in eine – auch sexuelle – Beziehung zu einem Menschen treten konnte. Und auch die germanische Mythologie kennt Götter, die in Gestalt von Pferden, Vögeln oder Katzen die Nähe eines besonderen Menschen suchen. Aus solchen sexuellen Beziehungen gehen nicht selten Mischwesen hervor. Das bekannteste von ihnen ist der Minotaurus, den die schöne Pasiphaë, Tochter des griechischen Sonnengottes, geboren haben soll. In Gestalt einer Kuh verkehrte sie mit einem Stier und wurde schwanger.

Der Gott der Bibel dagegen tritt niemals in Tiergestalt auf und versucht darum auch nicht, in tierischer Gestalt eine (sexuelle) Beziehung zu einem Menschen einzugehen. Und auch den sexuellen Kontakt zwischen Menschen und Tieren lehnt die Bibel strikt ab.

Verbote von sexuellen Handlungen mit Tieren

Alle drei großen Gesetzessammlungen der Hebräischen Bibel – das Bundesbuch (ein Teil des Buches Exodus), das deuteronomische Gesetz (ein Abschnitt im Buch Deuteronomium) und das Heiligkeitsgesetz (ein Abschnitt im Buch Levitikus) – beschäftigen sich eingehend mit der Thematik und sind sich vollkommen einig darin, dass der sexuelle Umgang mit Tieren zu verurteilen ist. Im Bundesbuch (Ex 22,19) wird für Menschen, die sich eines solchen Vergehens schuldig machen, die Todesstrafe verlangt, im Deuteronomium lediglich eine Verfluchung ausgesprochen.

Am ausführlichsten behandelt das Thema das Buch Levitikus, wo der Geschlechtsverkehr mit einem Tier für Mann und Frau zweimal (Lev 18,23 und Lev 20,15-16) explizit verboten, als »Gräuel« bezeichnet und mit der Todesstrafe belegt wird, wobei ausdrücklich darauf hingewiesen wird, dass nicht nur der Mensch, sondern auch das Tier sterben muss. Eine Todesstrafe für Tiere zu verhängen, erscheint aus heutiger Sicht grotesk, in der Logik des Buches Levitikus ist das aber nur folgerichtig. Denn das Anliegen hinter der Gesetzesssammlung war es, die Heiligkeit und die rituelle Reinheit des ganzen Volkes, zu dem auch die Tiere gehörten, zu bewahren und nicht bloß einzelne sexuelle Vergehen zu sanktionieren. Wenn im Buch Exodus im Unterschied dazu nur der aktiv schuldig gewordene Partner verurteilt wird, kommt diese Diskrepanz möglicherweise daher, dass das stark von der Jerusalemer Priesterschaft beeinflusste Buch Levitikus kritisch auf Fruchtbarkeitskulte Bezug nimmt, mit denen Männer ihre Potenz und Frauen ihre

Fruchtbarkeit durch eine sexuelle Handlung mit Tieren zu steigern versuchten. Solche Praktiken sind in der altorientalischen Welt und in Ägypten vielfach belegt, für die gläubigen Mitglieder des Volkes Israel waren sie aber verpönt und wurden als Götzendienst geahndet.

Auffällig ist, dass die Verbote allesamt ohne Begründung bleiben. Das ist eine Besonderheit vieler biblischer und altorientalischer Vorschriften, die deshalb auch als apodiktische Rechtssätze bezeichnet werden, als Rechtssätze, die als unmittelbar evident verstanden wurden, die keinen Widerspruch erlaubten und darum keiner Begründung bedurften. Die Gelehrten späterer Zeiten fügten für die Rechtssätze, die das Verbot von sexuellen Handlungen mit Tieren betrafen, dann allerdings eine Begründung hinzu: Solches zu tun sei untersagt, weil es sich bei ihnen um eine Verletzung der göttlichen Schöpfungsordnung handle. Darin ist nämlich ausschließlich die sexuelle Beziehung zwischen Mann und Frau vorgesehen und das nur zum Zweck der Vermehrung. Tiere dagegen werden nicht als »entsprechendes Gegenüber« (Gen 2,20) für den Menschen – d.h. eigentlich für den Mann – angesehen, weder im Kontext der Sexualität noch mit Blick auf eine freundschaftliche Beziehung unter Gleichen.

Die Gesetzgebung des alten Israel erweist sich damit als deutlich schärfer und strenger als beispielsweise das Recht der Hethiter, die zwar den Geschlechtsverkehr mit Kühen, Schafen, Schweinen und Hunden mit dem Tod bestraften, Sex mit Mauleseln oder Pferden aber bloß als unrein ansahen und nicht weiter ahndeten. In einer mesopotamischen Inschrift heißt es sogar, dass Menschen, die mit wilden Tieren Geschlechtsverkehr haben, in der

Zukunft wohlhabend sein werden. Ansonsten schweigen die assyrischen und babylonischen Gesetzessammlungen zu der Thematik. Etwas mehr Material findet sich im mesopotamischen Gilgamesch-Epos: Am Beginn der Erzählung wird berichtet, dass Enkidu, der später als treuer Begleiter von Gilgamesch auftreten wird, mit zahlreichen wilden Tieren verkehrt hat, bevor er schließlich Gefallen am »zivilisierten« Sex mit einer Kultprostituierten fand. Soweit der nicht gerade prüde altorientalische Hintergrund, vor dem die Texte des Alten Testamentes entstanden sind.

Eva, die Schlange und ein unmoralisches Angebot

Im Neuen Testament dagegen fällt kein einziges Wort über Sex mit Tieren, das Thema scheint schlichtweg nicht zu existieren. Trotzdem haben die Gesetzestexte der Torah mit ihrer klar ablehnenden Haltung die Meinung der jüdischen und christlichen Gelehrten, sowie der kirchlichen Würdenträger maßgeblich beeinflusst. Ein Beispiel dafür findet sich in einer jüdischen Interpretation der Erbsündenerzählung, wie sie im Talmud überliefert ist und die in der Folge eine starke Rezeption in frühchristlichen Kreisen erfahren hat.

Die erste sündhafte Handlung der Menschheit besteht dem Buch Genesis zur Folge ja darin, eine Frucht von dem verbotenen Baum im Garten Eden gegessen zu haben. Nach einem Gespräch mit der Schlange tut das zuerst die Frau, dann auch ihr Mann. Das Vergehen der beiden ersten Menschen erschien den frühen Rabbinern jedoch relativ harmlos und insofern leuchtete es ihnen nicht ein, warum Gott mit derart schweren Sanktionen reagieren konnte: Vertreibung aus dem Paradies, schweißtreibende Arbeit für den Mann, mühselige Schwangerschaft und schmerzhafte Geburt für die Frau. Wer so hart bestraft wird – dachten die Rabbiner –, muss sich schon etwas Schwerwiegenderes zuschulden haben kommen lassen, als ein Stück Obst zu verspeisen.

Einen ersten Hinweis, um was es sich bei der Untat handeln könnte, lieferte ihnen die Art der Frucht, die Eva und Adam aßen. Im biblischen Text handelt es sich nämlich nicht um einen Apfel – wie es ab dem späten Mittelalter überliefert wird –, sondern um eine nicht näher identifizierte Frucht, die am »Baum der Erkenntnis« wächst. Da das hebräische Wort »erkennen« aber auch für den Vollzug des Geschlechtsakts gebraucht wird, lag die Schlussfolgerung nahe, dass die erste Sünde im Geschlechtsverkehr zwischen Adam und Eva bestanden haben muss. Auch für die keuschen Christen war diese Erklärung zunächst ausreichend. Denn Sexualität wurde in der Zeit, als sich diese Interpretation verbreitete, bereits als etwas Negatives gesehen. Andererseits wird das sexuelle Zusammenkommen von Mann und Frau wenige Verse davor (Gen 2,24) als von Gott gewollt dargestellt. Also konnte es wohl doch keine Sünde sein, und die Gelehrten mussten sich auf die Suche nach einer anderen, problematischeren sexuellen Handlung machen. Und es gilt natürlich: Wer suchet, der findet.

Nach einer alten Deutung aus dem Talmud, die die Kirchenväter Irenäus von Lyon oder Melito von Sardes später wortwörtlich übernehmen sollten, spricht die Frau nicht nur mit der Schlange, sondern geht auch eine sexuelle Liaison mit ihr ein. Der Genuss der verbotenen Frucht der Erkenntnis soll Eva zur sexuellen Freizügigkeit »befreit« haben. Dabei wurde die Schlange mit einer Symbolik in Verbindung gebracht, die sowohl aus der ägyptischen als auch aus der mesopotamischen Mythologie bekannt war. Die Schlange – bzw. eine Gottheit in Schlangenform – konnte hier sowohl den Feind des Menschen als auch eine Schutzmacht repräsentieren. Sie stand gleichzeitig für Weisheit, Leben und Heilung wie für Gefahr, Tod und Sterben. Insbesondere wurde sie mit jenen Gottheiten in Verbindung gebracht, die für Fruchtbarkeit, aber auch für Wollust und sexuelle Anziehungskraft standen. Damit machte alles Sinn: Eva hatte sich auf die Schlange eingelassen und war von ihr geschwängert worden. Das auf diese Weise empfangene Kind war Kain, der Brudermörder. Ein derart böser Mensch konnte nur die Frucht der unehelichen Beziehung zwischen Eva und der – in der Folge als Teufel identifizierten – Schlange gewesen sein.

Eine ähnliche Vorstellung kennt man übrigens aus dem – nicht in den biblischen Kanon aufgenommenen – Protoevangelium des Jakobus, das sich mit Marias Leben vor der Geburt Jesu beschäftigt. In dem um die Mitte des 2. Jahrhunderts entstandenen Text wird erzählt, dass Josef nach einer langen Arbeitsreise zu Maria zurückkehrt und sie hochschwanger vorfindet. Er weiß, dass er selbst nichts dazu beigetragen hat, und klagt: »Hat sich an mir etwa die Geschichte von Adam wiederholt? Denn wie […] die Schlange kam und Eva allein antraf und ihren Betrug ausführte, so ist es auch mir ergangen!« Im weiteren Textverlauf wird klar, dass der kleine Jesus nicht das Ergebnis einer sexuellen Beziehung Marias mit der teuflischen Schlange ist. Dennoch bietet die Stelle einen Beleg dafür, dass die Vorstellung von der Romanze zwischen Eva und der Schlange zur Zeit der Textentstehung des Protoevangeliums durchaus verbreitet war. Evas Reputation sollte sich nicht so schnell erholen. In der jüdisch-kabbalistischen und auch in der christlichen Tradition galt sie jahrhundertelang als diejenige, die mit der Schlange Sex hatte und damit Schuld auf das erste Menschenpaar lud.

* * *

Auf heutige Leser wirken derartige Interpretationen des biblischen Textes haarsträubend. In der Funktion frommer Abschreckungsgeschichten, mit denen u.a. die sexuelle Selbstbestimmung der Frau verteufelt werden sollte, machten sie sich aber recht gut. Anders verhält es sich bei den Gesetzestexten, die den Sex mit Tieren verbieten. Gesetze wurden im Alten Orient nämlich genau wie heute nur dann formuliert und niedergeschrieben, wenn man den Eindruck hatte, dass ein im Alltag auftretender Sachverhalt einer Regelung bedurfte. Wenn daher Geschlechtsverkehr mit Tieren explizit verboten wird, kann man davon ausgehen, dass eine derartige Praxis bestand und als problematisch wahrgenommen wurde. Sex mit Tieren dürfte also nicht nur in Mesopotamien, Ägypten und Griechenland verbreitet gewesen sein, sondern auch unter den Israeliten. Im Unterschied zu anderen Hochreligionen reagierte man aber nicht mit einer Erhöhung dieser Praxis auf die mythologische Ebene bzw. durch das Einführen göttlicher Protagonisten in Tiergestalt. Statt sich zu einer Relativierung oder gar Legitimation hinreißen zu lassen, bleiben die biblischen Autoren bei einem unmissverständlichen Verbot.

Tiere im Neuen Testament – Von Ethik keine Spur: Ein Schlusswort

Im Neuen Testament sind Tiere allgegenwärtig. In den Gleichnissen kommen häufig Ziegen und Schafe vor, aber auch ihre Feinde, die Wölfe. Außerdem ist in den Texten von Kamelen, Hennen Hühnern und natürlich Eseln die Rede. Tauben, Schlangen und Schafen schreibt Jesus eine Vorbildfunktion zu, wenn er seine Jünger ermahnt, »klug wie die Schlange und ohne Falschheit wie die Tauben« zu sein (Mt 10,16) bzw. sich wie Schafe unter den Wölfen (Lk 10,3) zu verhalten. Fische erhalten nicht nur innerhalb von Metaphern eine symbolische Bedeutung, sondern prägten ganz konkret das Leben der Fischer Petrus und Johannes, die Jesus von Beginn an nachfolgten. Und auch wenn die Hunde zur damaligen Zeit noch keine so verbreiteten Haustiere waren wie heute, ist doch die Rede von verstoßenen wie von treuen Hunden und davon, dass sie die Wunden der Leprakranken lecken oder mit Tischabfällen gefüttert werden. Die Nutztiere schließlich genießen auch im Neuen Testament einen so hohen gesellschaftlichen Stellenwert, dass sogar das Sabbatgebot temporär außer Kraft gesetzt werden kann, damit ein in einen Brunnen gefallenes Tier gerettet (Lk 14,5) oder ein durstiges Tier getränkt wird (Lk 13,15). Im letzten Buch des Neuen Testamentes, der Offenbarung des Johannes, treten dann eine Unmenge an sonderbaren Tiergestalten in Erscheinung. Mischwesen, halb Heuschrecke halb Skorpion, feuerspeiende Pferde, ein Meeresmonster mit dem Körper eines Panthers, mit sieben Köpfen und zehn Hörnern, den Tatzen eines Bären und Löwenmäulern (Offb 13,1-3).

Trotz der bunten biblischen Tierwelt, bleibt der Fokus im Neuen Testament aber klar auf den Menschen gerichtet. So setzt die wohl wichtigste Rede Jesu, in der er programmatisch seine neuen »Zehn Gebote« in Form von Seligpreisungen verkündet, zwar mit den Vögeln des Himmels ein, macht sie aber nicht zum Thema. »Seht die Vögel des Himmels«, heißt es, »sie säen nicht, sie ernten nicht und sammeln nicht in Scheunen, und euer Vater im Himmel ernährt sie.« (Mt 6,26) Doch unmittelbar danach fragt Jesus seine Zuhörerschaft: »Seid ihr nicht viel mehr wert als sie?« Die Vögel haben also nur Eingang in das Gleichnis gefunden, um die Sonderstellung des Menschen in besonderer Weise herauszustreichen.

Aber es geht noch schlimmer. In seinem Brief an die Christen von Korinth macht sich Paulus explizit über ein jüdisches Gebot im Hinblick auf Tiere – nämlich dem Rind bei der Drescharbeit nicht das Maul zuzubinden (Dtn 25,4) – lustig. »Kümmerte sich Gott etwa um die Rinder?«, spottet er (1 Kor 9,9) und beantwortet seine rhetorische Frage mit einem klaren Nein.

Für die neue Religion standen Jesus im Zentrum und mit ihm der Mensch. Auch die Zukunftsvision des Christentums ist eindeutig: Der Mensch findet seine Erlösung im Himmel. Das irdische Leben ist demnach nur insofern lebenswert, wenn es im Glauben auf diese himmlische Freiheit hin ausgerichtet gelebt wird. Dieser Weg der Erlösung wiederum steht nur dem Menschen offen.

Doch zurück zu Jesus und seinem Umgang mit Tieren, der nicht unbedingt von Wertschätzung gekennzeichnet war. Im Markusevangelium etwa wird berichtet, dass er zwei Menschen von einer großen Anzahl Dämonen befreite und diese in eine Herde von 2.000 Schweinen einfahren ließ. Die rannten in der Folge einen Abhang hinunter, stürzten in den See und ertranken (Mk 5,13). Nach der Auferstehung dann besucht Jesus einige seiner Jünger. Da sie hungrig sind, aber noch keine Fische gefangen haben, wirkt er am Ufer des Sees von Tiberias in Galiläa kurzerhand ein Wunder. Die Ausbeute des Fischzuges, zu dem der Auferstandene sein Jünger ermutigt, ist beachtlich: 153 große Fische werden noch am Strand gebraten (Joh 21,11). Die Menge der gefangenen Fische dürfte mit Absicht übertrieben dargestellt sein und ist jedenfalls weit mehr, als eine achtköpfige Gruppe braucht, um satt zu werden. Was mit den überzähligen Fischen passiert ist, interessiert die Autoren allerdings nicht mehr.

Eine Episode aber scheint Jesus dann doch als engagierten Tierschützer auszuweisen. Das Johannesevangelium erzählt, dass Jesus Ochsen-, Schaf- und Taubenverkäufer aus dem Tempel treibt (Joh 2,13-16). Markus, Lukas und Matthäus berichten die Geschichte sehr ähnlich, sprechen aber nur von Taubenverkäufern. Setzt sich Jesus also für die Opfertiere ein, die am Jerusalemer Tempel verkauft und geschächtet wurden? Leider nein. Ganz im Gegenteil: Jesus schlägt, scheucht und jagt nicht nur die Händler, sondern auch Schafe und Rinder aus dem Tempelvorhof (Joh 2,15), was bedeutet, dass die Tiere in Panik die langen und steilen Treppenaufgänge hinuntergerannt sein müssen und sich dabei möglicherweise verletzt haben. Aber Jesus wollte ja auch keine Tiere erlösen, sondern eben Menschen. Tierethik sucht man im Neuen Testament daher vergeblich. Daran ändert auch der Umstand nichts, dass

Jesus selbst immer wieder mit einem Lamm verglichen wird, dass drei der vier Evangelisten als Tiere dargestellt werden und die dritte Person der Trinität durch einen Vogel verkörpert wird.

Tiere als Mitgeschöpfe wirklich wertzuschätzen gelingt Juden und Christen auch heute noch nicht besonders gut. Zumindest, was die Christen betrifft, braucht das nicht zu überraschen, ertönt in der Apostelgeschichte doch eine Himmelsstimme, die dreimal hintereinander sogar jene Tiere zum Schlachten und Essen freigibt, die den Juden als unrein galten. »Schlachte und iss!«, lautet die eindeutige Anforderung Gottes an Petrus (Apg 10,13). Dahinter stehen obendrein teilweise ganz falsche Vorstellungen vom Wesen und Verhalten bestimmter Tierarten. Anders, als es Paulus selbstverständlich annimmt, suhlen sich »gewaschene Schweine« gerade nicht im Mist (2 Petr 2,22), denn es sind – sofern sie sauber gehalten werden – sehr reinliche Tiere.

Nun könnte man natürlich einwenden, dass der Kampf um Tierrechte eine Erfindung unserer Zeit sei und sich die biblischen Autoren daher selbstredend nicht um eine wertschätzende Darstellung von Tieren bemüht haben. Das ist, historisch gesehen, allerdings nicht richtig. Denn als das Neue Testament entstand, gab es bereits äußerst tierfreundliche philosophische Strömungen, wie etwa die Epikureer oder die Pythagoreer. Eingang in die biblischen Texte fanden ihre Vorstellungen, wie Menschen und Tiere friedlich zusammenleben können, allerdings nicht. Stattdessen wurden die Ideen Jesu mit Konzepten aus dem Platonismus und Stoizismus vermengt, die den Tieren gerade keine Rechte zugestanden. Die Weichenstellungen, die damals vorgenommen wurden, bestimmen noch heute das Mensch-Tier-Verhältnis in den christlich geprägten Gesellschaften: Tiere existieren ausschließlich zu dem Zweck, dem Menschen nützlich zu sein – sei es für seine Ernährung, Kleidung, Forschung, Sport oder als Gefährten.

Sofern es im Lauf der Kirchengeschichte überhaupt zu einem Nachdenken über die Mensch-Tier-Beziehung kam, war dieses stark von Abwertung geprägt. Im Zusammenhang mit der Frage nach der Seele etwa berief man sich auf den großen Philosophen Aristoteles, der den Tieren lediglich eine unvollkommene Seele zugestand. In der christlichen Leseweise von Aristoteles war dann klar, dass diese animalische Seele keineswegs der rationalen und intellektuellen Seele der Menschen das Wasser reichen konnte. Thomas von Aquin, der ein sehr guter Beobachter war, dürfte zwar erkannt haben, dass auch Tiere kognitive Fähigkeiten besitzen und Zeichen eines individuellen Bewusstseins zeigen, erklärte aber dennoch, dass nur die menschliche Seele selbstständig und ewig sei, die Seele der Tiere dagegen gemeinsam mit dem Körper vergehe. An dieser Meinung hält das Lehramt der Katholischen Kirche bis heute fest.

Und auch wenn die katholische Kirche den heiligen Franziskus am Ostersonntag des Jahres 1980 zum Patron der Natur und der Umwelt ernannt hat, stellt der Katechismus der Katholischen Kirche (KKK), bei dem es sich um eine Art Zusammenfassung des christlichen Glaubens handelt, mit aller Deutlichkeit fest, dass der Mensch »auf Erden das einzige Geschöpf ist […], das Gott um seiner selbst willen gewollt hat« (KKK 356).

Die restliche Schöpfung – Pflanzen, Tiere, Belebtes und Unbelebtes – dagegen sei »von Gott gewollt [...] als ein Geschenk an den Menschen, als ein Erbe, das für ihn bestimmt und ihm anvertraut ist« (KKK 299). Die Tiere sind – wie auf der Basis derartiger Grundannahmen auch kaum anders zu erwarten ist – dem Menschen unterstellt und können selbstverständlich »einer gerechten Befriedigung menschlicher Bedürfnisse dienen« (KKK 2457). Als logische Konsequenz ist es dem Menschen vorbehaltslos erlaubt, Tiere zum Zweck der Ernährung zu jagen, zu töten oder aber sie zur Herstellung von Kleidung zu nutzen. Tiere dürfen in Gefangenschaft gehalten und gezähmt sowie »medizinischen und wissenschaftlichen Tierversuchen« unterzogen werden, sofern diese »in vernünftigen Grenzen bleiben und dazu beitragen, menschliches Leben zu heilen und zu retten« (KKK 2417). Alles in allem gibt es keinen Zweifel daran, dass die Tiere zusammen mit den Pflanzen und der unbelebten Natur »zum gemeinsamen Wohl der Menschheit von gestern, heute und morgen bestimmt« sind (KKK 2415). Insofern sollte man sich keine großen Hoffnungen machen, dass aus der katholischen Kirche in der näheren Zukunft ein nennenswerter Vorstoß in Richtung Tierrechte bzw. eines würdigen Umgangs mit Tieren erfolgen wird. Die protestantischen Kirchen denken leider nicht sehr viel anders. Und auch die Begeisterung für die jüngste »ökologische« Enzyklika von Papst Franziskus, die nach Franz von Assisis berühmtem Lobgedicht auf die Schöpfung »Laudato si« genannt wird, sollte nicht darüber hinwegtäuschen, dass die Tiere dem Papst kein besonderes Anliegen sind.

Der Papst argumentiert über weite Strecken des Dokumentes dafür, dass sich die Kirche endlich davon verabschieden müsse, den Menschen allein in den Mittelpunkt zu stellen. Er spricht vom Eigenwert der übrigen Geschöpfe, lehnt es ab, die Erde als bloßes Ressourcenlager zu sehen. Er protestiert gegen die Ausbeutung der Welt, kritisiert zugleich aber die Aktivisten, welche sich lediglich für das Tierwohl engagieren, aber nichts gegen die Abtreibung unternehmen. An dieser Stelle fragt man sich als Leser, ob in den Augen des Papstes der Mensch in Wahrheit nicht doch das Zentrum des christlichen Denkens bleibt. Nicht nur die Worte, auch die Daten sprechen dafür: Nachdem die Enzyklika am 18. Juni 2015 bei einer Pressekonferenz im Vatikan feierlich präsentiert wurde, wurden ausgewählte Gäste noch zu einem Imbiss eingeladen. Vegetarische oder gar vegane Speisen suchte man auf dem Buffettisch allerdings vergeblich. Und auch Papst Franziskus, der als Vorreiter der »ökologischen« Wende in der Kirche gefeiert wird, hat als Lieblingsgericht immer noch den gefüllten Tintenfisch bzw. den Asado, eine argentinische Grillplatte aus verschiedenen Fleischsorten und Innereien. Kirche und Tierrechte gehen noch lange nicht zusammen.

* * *

Am Ende eines Buches, das von den Tieren in der Bibel handelt, scheint es legitim und eigentlich auch naheliegend, sich die Frage zu stellen, wie man heute als Christ über Tiere sprechen soll und wie die Kirche sich für eine gelingende Mensch-Tier-Beziehung einsetzen kann. In der Bibel sind Tiere für den Menschen Freunde und

Helfer, sie sind Gefährten, und selbst wenn manche Tiere als Feinde wahrgenommen werden, gelten einige Nutztiere sogar als Rechtssubjekte. Ohne Tiere gibt es im Alten Testament kaum eine Möglichkeit, mit der Gottheit in Kontakt zu treten. Das Töten von Tieren zur Gewinnung von Fleisch war eine rituelle Handlung, die nur von Priestern vollzogen werden durfte. Die Erlaubnis, Tierfleisch zu essen, wurde dem Menschen erst als Folge der Sintflut erteilt, ursprünglich – so die biblische Vorstellung – ernährten sich Adam und Eva im Garten Eden vegetarisch bzw. eigentlich sogar vegan. Auch wenn es sich bei der Bibel also sicher nicht um ein Werk handelt, das Tierethik vermitteln will, enthält sie doch Erzählungen und Motive – das hoffen wir mit diesem Buch gezeigt zu haben –, die Anlass dafür sein sollten, die selbstverständliche Machtausübung des Menschen über die Tiere fundamental in Frage zu stellen. Je früher auch die Kirche damit beginnt, desto besser.

FSC www.fsc.org
MIX
Papier aus verantwortungsvollen Quellen
FSC® C014496

Klimaneutral*
Druckprodukt
ClimatePartner.com/14044-1912-1001

Penguin Random House Verlagsgruppe FSC® N001967

1. Auflage

Umschlag- und Innenillustrationen: © Esther Lanfermann, Heinsberg
Druck und Bindung: GGP Media GmbH, Pößneck
Printed in Germany
ISBN 978-3-579-07464-1
www.gtvh.de